Grote ideeën voor kleine tuinen

LYONS

Grote ideeën voor kleine tuinen

David Stevens

Fotografie Jerry Harpur

TERRA | lannoo

Oorspronkelijke uitgave

Oorspronkelijke titel
backyard blueprints - style, design & details for outdoor living

Nederlandstalige editie

TERRA

Uitgeverij Terra BV
Postbus 1080
7230 AB Warnsveld, Nederland
terra@terraboek.nl
www.terraboek.nl
Uitgeverij Terra maakt deel uit van de Lannoo-groep

lannoo

Uitgeverij Lannoo NV
Kasteelstraat 97
8700 Tielt, België
lannoo@lannoo.be
www.lannoo.com

Productie en redactie Nederlandstalige editie
TextCase Groningen
Vertaling Roelie Koobs

Printed in Hong Kong

ISBN 90 5897 093 0 - NUR 425

inhoud

de voor-bereiding

boven Binnenplaatsen bieden beschutting en een geweldig gevoel van intimiteit. Ze zijn perfecte buitenkamers die vol staan met planten, u weinig onderhoud kosten en u het hele jaar door plezier schenken.

rechts Het is ongelofelijk hoe groot een kleine tuin kan lijken. Het geheim zit hem in het verbergen van de afscheidingen. De roze lelies op de voorgrond leiden het oog naar een uitnodigend prieeltje dat een oase vormt in het hart van de stad.

achtertuinen kunnen omgetoverd worden tot ware openluchtkamers. Ze kunnen kleurig zijn, makkelijk te onderhouden, en vooral gezellig. Toch wordt de ruimte vaak ondergewaardeerd. Een achtertuin kan multifunctioneel zijn; u kunt er eten, de kinderen kunnen er spelen, er kunnen groenten en kruiden groeien en er is ruimte voor ontspanning. Ook kunt u er studeren of aan uw conditie werken. In en om de tuin is plaats voor allerlei blikvangers, van ingebouwde barbecues tot fonteintjes en opvallende beeldhouwwerken

Ik houd me al zo'n dertig jaar bezig met het aanleggen van tuinen en kan u wellicht helpen bij uw tuinontwerp. Graag deel ik mijn ervaring met u. De basisprincipes van het ontwerpen, handige foefjes en praktische tips kunnen u wellicht van nut zijn. Het belangrijkste is te ontdekken wat u en uw gezin willen van uw achtertuin. Volg uw persoonlijke smaak, laat u niet beïnvloeden door wat in de mode is of wat u in een televisieprogramma gezien hebt. Uw tuin moet bij u passen: in plaats van een decoratief maar onpraktisch ontwerp uit een tijdschrift te nemen, kunt u beter uw eigen stijl samenstellen, zelfs een beetje op goed geluk te werk gaan. Of uw tuin nu rommelig, strak of chic is, hij moet een afspiegeling worden van u en uw ideeën.

Niemand wil een tuinontwerp en iedereen wil een tuin die af is. U moet het ontwerp zien als middel om uw ideeën te realiseren. De stijl die u kiest, is aanvankelijk niet het belangrijkste; eerst moet u de ruimte verkennen. De beperkingen en voordelen van het perceel zullen uiteindelijk het ontwerp bepalen. De verleiding is groot om naar buiten te rennen en meteen te beginnen, maar het is beter uw ideeën eerst uit te laten kristalliseren. Neem de tijd, ga in uw tuin zitten, hoe weinig inspirerend die ook mag zijn, en neem de omgeving in u op.

klaar om te beginnen

Er bestaan talloze boeken die u tot in detail vertellen hoe u uw tuin moet opmeten. Ik zal u er niet mee lastigvallen, maar wil u wel wijzen op het belang van nauwkeurig meten. De reden dat we de tuin opmeten is dat we de tuin op schaal kunnen tekenen, waardoor we kunnen inschatten hoeveel planten en materiaal er nodig zijn. Zoals u nooit schoenen op de gok zou kopen, moet u ook bij een tuin niet onnauwkeurig te werk gaan. Een tekening op schaal geeft de tuin simpelweg op klein formaat weer. Een schaal van 1:100 houdt in dat de tuin honderd keer zo klein weergegeven wordt maar precies dezelfde proporties heeft.

Een andere reden om de tuin op schaal te tekenen is dat de tuin, vooral een tuin met een vreemde vorm, er op papier vaak anders uitziet dan u dacht. Onlangs heb ik bijvoorbeeld opdracht gekregen een lange stadstuin in te richten. Toen de schaaltekening klaar was, verbaasden mijn opdrachtgevers zich erover hoe lang de tuin eigenlijk was. Door de lengte kon ik een aantal zeer verschillende hoekjes ontwerpen. Ze zouden het nooit zo gedaan hebben als ze geen tekening gezien hadden die de juiste verhoudingen weergaf. Met een tekening op schaal kunt u beter plannen en op die manier tijd, moeite en vaak geld besparen.

Het is verstandig, zo niet essentieel, om al in het begin een realistisch budget voor uw tuin te reserveren. Veel mensen onderschatten de kosten van het aanleggen van een tuin. U moet uw tuin echter zien als een buitenkamer en de kosten ervan vergelijken met die van een kamer binnenshuis. Het meeste geld zal opgaan aan de harde gedeelten van de tuin: de bestrating, muren en trapjes. De prijs hiervan is ongeveer even hoog als die van conventioneel metselwerk. Planten zijn in verhouding niet zo duur, vooral niet in een kleine tuin. Het is niet verstandig bouwvakkers in te schakelen, hoe goed ze ook zijn. Bouwvakkers zijn gespecialiseerd in verticaal bouwen, maar niet ervaren in het leggen van tegels. Een schaaltekening

links Verscheidenheid is de basis van menig goed ontwerp. Deze plezierige tuin is geïnspireerd op de levendige Marokkaanse cultuur. Felgekleurde muren, tegels, potten en planten zorgen hier voor een bijzondere, persoonlijke sfeer.

rechtsboven De scheidslijn tussen complexiteit en onoverzichtelijkheid is soms moeilijk te trekken. Dit is een opvallende binnenplaats met een verfijnde vloer en veel details. Er zullen wellicht mensen zijn die het te druk vinden, maar ik vind het fantastisch.

stelt tuinarchitecten in staat een prijsopgave te geven. Laat u iemand aanbevelen of ga naar een bedrijf met een goede reputatie. Bekijk altijd het werk van de betreffende ontwerper voor u een contract afsluit.

Er is niets moeilijks aan het ontwerpen van een tuin; de meeste tuinarchitecten blijven bij de basisprincipes, waarvan ze weten dat die onder vrijwel alle omstandigheden werken. Het is in uw voordeel dat u meer tijd hebt dan een professional. U kunt in alle rust bedenken wat u wilt en verschillende mogelijkheden overwegen. Bij de mooiste buitenkamers is rekening gehouden met de omgeving, het mooie uitzicht is benut en er is optimaal gebruikgemaakt van vergeten hoekjes, terwijl lelijke dingen op een slimme manier verborgen zijn. Een jaar is voldoende om een tuin goed te leren kennen. Met het verstrijken van de seizoenen weet u hoe de zon staat, wat de meest voorkomende windrichting is, en waar bepaalde planten opkomen. U zult voor- en nadelen van de tuin leren kennen en zo het basisontwerp kunnen maken.

Een van de belangrijkste dingen wordt vaak over het hoofd gezien: de relatie tussen binnen en buiten, de manier waarop de tuin ligt ten opzichte van het huis. Zijn er deuren die direct op de tuin uitkomen? Ligt de tuin ter hoogte van een souterrain met slechts een smal trapje ernaartoe? Of ligt de tuin aan de zijkant van het huis? De toegang tot een tuin bepaalt de invulling van de ruimte er direct omheen. Zodra u van binnen naar buiten gaat, ziet u het uitzicht. Een mooi gebouw of torenspits in de verte of een mooie boom in de tuin van de buren kan gebruikt worden in het ontwerp. Aan de andere kant kunnen hoge, sombere muren het u moeilijk maken en kunnen grote bomen het licht wegnemen en alle voedingsstoffen uit de grond halen. Maar met wat denkwerk is er meestal een goede oplossing te vinden.

de uitstraling van het perceel

De stand van de zon beïnvloedt de plaats waar u zit, eet of activiteiten onderneemt in uw tuin. Het grote voordeel van een beschutte tuin is dat de wind tegengehouden wordt waardoor u er 's winters gebruik van kunt maken. Bedenk echter dat de zon in de winter lager staat en dat schaduwen van muren dan langer zijn. Het kan nuttig zijn om boven aan uw ontwerp te tekenen waar de zon op welk moment van de dag staat.

De plek, hoogte en het materiaal van muren zijn van invloed op het ontwerp van uw tuin. Muren die in slechte staat verkeren kunnen opgeknapt worden. Als ze verbonden zijn met het huis kunt u er over denken ze te verven in een kleur die past bij uw interieur. Ook kunt u er een muurschildering op aanbrengen, er latwerk of een fonteintje aan bevestigen of bloempotten aan hangen. Hetzelfde geldt voor schuttingen. Een heg kunt u knippen of leiden. Als uw tuin schuin afloopt, is het belangrijk te beseffen waar en in welke mate dat het geval is, dit in verband met treden en afstapjes. Het verloop van de helling bepaalt waar de trappen en plantenbedden van verschillende hoogtes gesitueerd moeten worden. Als er al een terras aangelegd is, kunt u de hoogteverschillen opmeten om de helling te bepalen. In een kleine tuin kunt u een draad waterpas tussen twee stokjes spannen en het hoogteverschil opmeten. Het is ook mogelijk om de helling te bepalen met behulp van de voeglijnen in een muur die langs de tuin loopt.

Bij de inrichting van een huis besteden we meestal veel aandacht aan de vloer en dat zouden we buiten ook moeten doen. Wilt u tegels of stenen, onregelmatige plaveien, steengruis of alleen aarde? De aanblik van een tuin wordt in grote

het perceel opnemen

Ik begin altijd met het opnemen van de lengte- en breedtemaat. Daarna teken ik alle details die van belang zijn in op een plattegrond, inclusief de plaats van ramen en deuren in het huis, niveauverschillen en ondergrondse leidingen.

Ga na wat de grondsoort is, wat voor afscheiding er staat en wat voor planten er al groeien. Maak notities van de meest voorkomende windrichting, de ligging van uw tuin en het uitzicht.

Als u hier mee bezig bent krijgt u een goede indruk van de tuin; waar de zon valt, hoe u door de ruimte loopt en wat de verschillende mogelijkheden zijn.

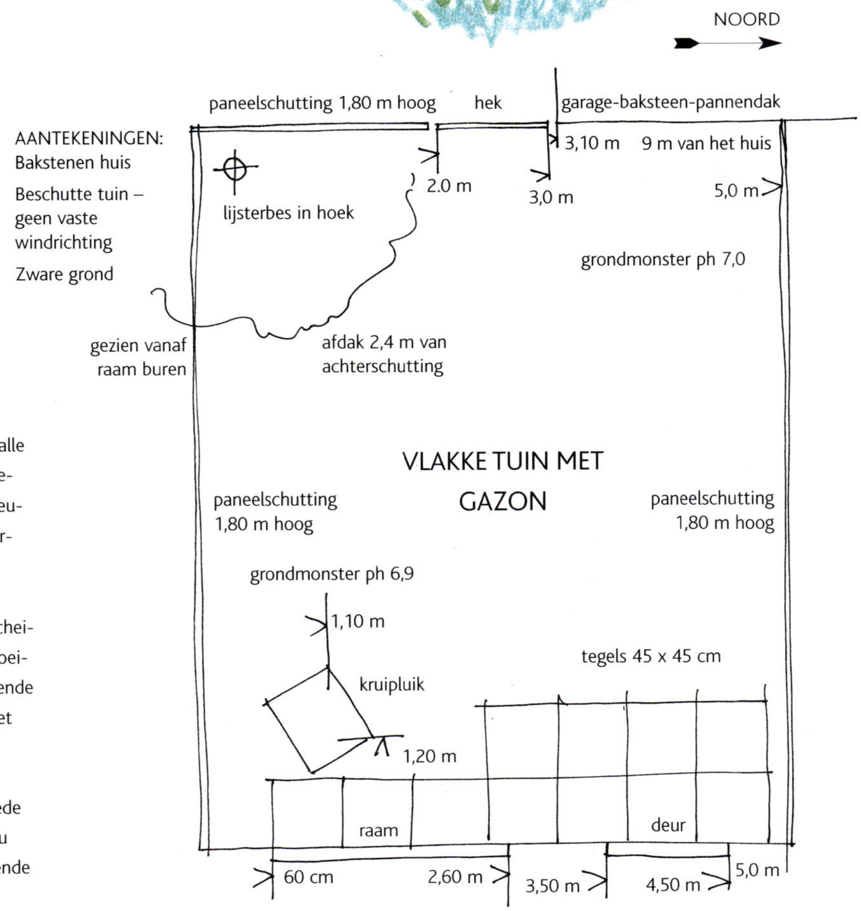

mate beïnvloed door het materiaal dat u kiest. Als het vloeroppervlak stevig is, kunt u met elk willekeurig ontwerp aan de slag. Als de huidige ondergrond niet voldoet, kunt u het bruikbare materiaal eruit halen en ergens anders toepassen. Een stevig maar lelijk oppervlak kan als fundering voor iets nieuws dienstdoen. Let er wel op dat er genoeg ruimte is voor een nieuwe laag en dat u de vochtkering van de muren niet dichtstopt. Deze bevindt zich op15 centimeter onderdorpelniveau. Zorg er ook voor dat de kruipruimten bereikbaar blijven en houd leidingen in de gaten.

Een gedeelte van de tuin kan wellicht uit alleen aarde bestaan. Bij veel oudere tuinen is de aarde verarmd. Met een eenvoudig testsetje kunt u de zuurtegraad van de grond bepalen. Dit is nuttig voor het kiezen van planten. Kijk ook in de buurt welke planten het goed doen. Als er al planten in de tuin groeien, zoek dan uit hoe ze heten en breng ze in kaart. Elk jaargetijde zullen er andere planten opkomen. De verleiding kan groot zijn alles eruit te trekken en helemaal opnieuw te beginnen, maar het is beter daar een tijdje mee te wachten. Struiken of bomen die niet mooi lijken kunnen vaak als basis dienen voor nieuwe beplanting. En een boom kan aangename schaduw op een zithoek werpen.

Vanaf het begin moet u rekening houden met zaken als elektriciteitskabels en irrigatiesystemen. Achtertuinen zijn vaak droog omdat muren en overkappingen de regen tegenhouden. Irrigatie kan zo simpel zijn als een kraan, of zo gecompliceerd als een computergestuurd sproeisysteem. Elektriciteit is onontbeerlijk voor verlichting, fonteintjes en kassen. U kunt een hoofdsysteem maken waarop alles aangesloten kan worden, liefst vóór u de bestrating aanbrengt. Vraag bij twijfel altijd een deskundige om hulp.

Het nut van het verzamelen van feiten is dat u ontdekt wat u al hebt en wat u ermee kunt doen. Dit vormt de basis van het scheppen van een unieke, persoonlijke achtertuin. Gewapend met de informatie die u hebt, uw enthousiasme en een grote hoeveelheid ideeën kunt u nu aan de slag!

links Door het gebruik van een opvallende kleur en subtiele geometrische vormen komen zowel het huis als de woestijntuin mooier uit. Dit is een goed voorbeeld van een ontwerp dat aangepast is aan de omstandigheden.

het ontwerp

boven Binnenplaatsen en tuinen zijn multifunctioneel. Hoe kleiner ze zijn, hoe beter het ontwerp uitgewerkt moet worden. Buiten zitten en eten horen bij de genoegens van het leven, vooral als u beschut bent tegen de wind en de felle zon, die gefilterd wordt door het gebladerte.

rechts Een formeel ontwerp werkt rustgevend; alles staat op de juiste plek en het geeft een gevoel van tijdloosheid. Deze tuin heeft een sterk perspectief; de aandacht gaat van het interieur via het gazon en het zwembad naar de waterval.

een goed ontwerp is een simpel ontwerp – gecompliceerde ideeën hebben al heel wat tuinen verprutst. In feite geldt: hoe kleiner de tuin, hoe simpeler het ontwerp. Natuurlijk moeten de woorden simpel en subtiel niet met elkaar verward worden. Subtiele details voegen juist veel toe aan een compositie.

Tot voor kort had de mode weinig invloed op tuinarchitectuur maar tegenwoordig worden bepaalde stijlen trendy gevonden. Deze tendens wordt in de hand gewerkt door de media en de enorme toename van tuincentra. Mode is echter de grootste vijand van goede vormgeving omdat hij kortstondig is en geen rekening houdt met de effecten op lange termijn. Inspiratie is iets heel anders dan mode en u kunt het overal vandaan halen, ook door het bekijken van tuinen en televisieprogramma's over tuinieren. U laten inspireren door iets is iets heel anders dan het imiteren van iets wat niet geschikt voor u is. Zoals de persoonlijkheid van mensen verschilt, zo moet ook de uitstraling van hun tuin verschillen. Zelfs als er honderd percelen zijn met dezelfde afmeting, eenzelfde verloop en gelijke ligging, zou geen één tuin hetzelfde mogen zijn.

Over het algemeen is uw tuin de ruimte waarmee u kunt laten zien wie u bent, op dezelfde manier waarmee u uw persoonlijkheid kunt laten zien door middel van kleding en de inrichting van uw huis. Met uw tuin hebt u een enorm middel om u te onderscheiden. Zelfs als u zich laat adviseren door een tuinarchitect houdt u uw eigen stijl omdat hij of zij slechts een adviseur en uitvoerder is, geen dictator die u ideeën oplegt. De vrijheid met uw tuin te kunnen doen wat u wilt geeft u de mogelijkheden uzelf te profileren. Een tuin die geheel naar uw smaak is ingericht geeft u bovendien rust. Als ontwerper ben ik continu bezig ideeën, eisen en idealen te versmelten met mijn ervaring en inspiratie. Als u uw eigen tuin ontwerpt, geldt hetzelfde voor u.

Goede tuinen geven het gevoel dat de tuin, het huis en de eigenaar bij elkaar passen. Een dergelijke tuin is nooit pretentieus en altijd comfortabel. De beste tuinen, of ze nu klassiek of modern van stijl zijn, zijn vibrerend en betoverend.

het begrip stijl

'Stijl' is een modewoord geworden. Veel van de mooiste tuinen zijn niet specifiek Italiaans, landelijk, Japans, of wat dan ook. Ze ontstaan omdat iemand iets om zich heen schept. In plaats van 'stijl' moeten we misschien 'levensstijl' lezen; onze persoonlijkheid en de manier waarop we leven is te zien aan onze tuin. Een eigen combinatie van allerlei stijlen zorgt ervoor dat een tuin persoonlijk wordt.

Een tuin ontwerpen komt neer op het manipuleren van de ruimte en, meer nog, het maken van patroontekeningen. Een patroon kan strak zijn, asymmetrisch, vrij of zelfs deconstructief. Maar u moet dus vooral niet vasthouden aan een dergelijke benaming. U kunt beter niet van tevoren bepalen dat u bijvoorbeeld een strakke tuin wilt. Een ontwerp maken is precies het omgekeerde: u begint bij de afmetingen van de tuin en een lijst van eisen en wensen. De combinatie hiervan bepaalt bij welke stijl u uitkomt. Met andere woorden: eerst onderzoekt u wat u wilt en daarna komt u pas in actie.

Als we ervan uitgaan dat uw persoonlijkheid uw levensstijl bepaalt, is het dus zo dat uw huis en de dingen die u om u heen verzamelt laten zien wat voor persoon u bent. U kunt een klassieke uitstraling hebben, met een voorkeur voor bijvoorbeeld stijlmeubelen en klassieke schilderijen. Of affiniteit hebben met een moderne stijl, als u van strakke geometrische figuren of eenvoudige vloeiende lijnen houdt. U kunt zelfs avant-gardistisch zijn en van radicale kunst en architectuur houden. Of houden van dingen die tegen de gevestigde stijlen ingaan. Ik wil onderstrepen dat de ene stijl niet beter is dan de andere; de ene stijl bestaat gewoon langer dan de andere. Natuurlijk is de ene stijl ontstaan uit de andere en zijn er veel overgangsvormen. Houd in gedachten dat cultuur en geografische ligging niet van invloed zouden moeten zijn op de basisprincipes van een tuinontwerp.

Een tuin is geen statisch gegeven. Uiteindelijk veranderen we ook de inrichting van het huis regelmatig. Het is jammer dat een tuin vaak anders benaderd wordt. Het zijn de details die een tuin een heel andere uitstraling kunnen geven. Door ornamenten te veranderen kunt u de aandachtspunten helemaal verplaatsen, een andere positie van de stoelen verandert het uitzicht en andere beplanting heeft eenzelfde effect als nieuw behang.

rechts Deze tuin, onmiskenbaar Japans van stijl, is een microkosmos in het hart van Londen. Het kronkelende pad en het stroompje geven een gevoel van ruimte terwijl de eenvoudige bodembedekking zorgt voor eenheid.

links Hier is het uitzicht omlijst. Niet alleen gaat daardoor de aandacht uit naar de tuin; tevens worden de aanliggende huizen verborgen. De zithoek is afgescheiden door een groepje planten, die uitnodigen de tuin in te lopen.

formeel

Formele ontwerpen zijn uitgebalanceerd; bepaalde gedeelten zijn elkaars spiegelbeeld. Een dergelijke tuin past goed bij een huis met een regelmatige gevel en vooral bij een binnenplaats, waar een open plek of doorkijkje geflankeerd kan worden door tegels, latwerk, gras of planten. Dit soort composities wordt mooi door een zorgvuldig gekozen blikvanger, bijvoorbeeld een beeld, vijver of fontein, stoel of, als de ruimte het toelaat, een tuinhuisje. De beplanting kan ook formeel zijn of een formeel karakter hebben. Het laatste houdt in dat groepjes planten of een bepaalde kleur ergens anders een tegenhanger hebben.

Formele tuinen zijn over het algemeen tamelijk statisch. Ze zijn voornamelijk prettig voor rustige bezigheden, minder geschikt voor gezinnen. Vaak wordt gedacht dat een formele vormgeving het best past bij een klassiek ontwerp, maar ze kan ook mooi staan in een moderne tuin.

Een formeel ontwerp kan het goed doen in een kleine stadstuin. Het middelpunt van deze tuin is een eenvoudige rechthoekige vijver. Aan de ene kant van de vijver is een bankje geplaatst en aan de andere kant staat een boog (foto links). Vanuit het huis gaat de blik eerst naar het fonteintje (foto uiterst links), en wordt dan via de twee treden en de poort naar het achterste deel van de tuin geleid (foto boven).

1 Brug naar achterste tuingedeelte **2** Heg **3** Rozenboog **4** Beplanting **5** Potten **6** Lampen **7** Klimplanten **8** Trap **9** Lampen **10** Aronskelken **11** Taxus **12** Boom **13** Spiegel **14** Boog **15** Fontein **16** Bank **17** Vijver **18** Stoel **19** Siertegels **20** Trap **21** Gesnoeide struiken **22** Betegeling

De moderne beweging bracht een revolutie teweeg in de architectuur, maar het duurde een tijdje voor de moderne kunst haar intrede deed in de tuin. Ook bij asymmetrie wordt gezocht naar evenwicht. In deze tuin is dat bereikt door de aanleg van elkaar overlappende rechthoeken van plantenbedden, waterpartijen en bestrating. Samen vormen ze een elegante maar praktische ruimte. Contrasterende materialen hebben hier een plaats gevonden; water met roestvrijstalen bollen, planken met metalen strips ertussen, planten en zwarte betonnen zuilen.

1 Grof steengruis **2** Beplanting
3 Muur **4** Trapje **5** Zilverberk
6 Verhoogde plantenbedden **7** Plankier
8 Hydraulische tafel **9** Afstapje
10 Roestvrijstalen bollen **11** Waterbassin
12 Plankier van hout en staal
13 Alpenplanten
14 Staptegels met tijm
15 Betonnen zuilen **16** Muurtje

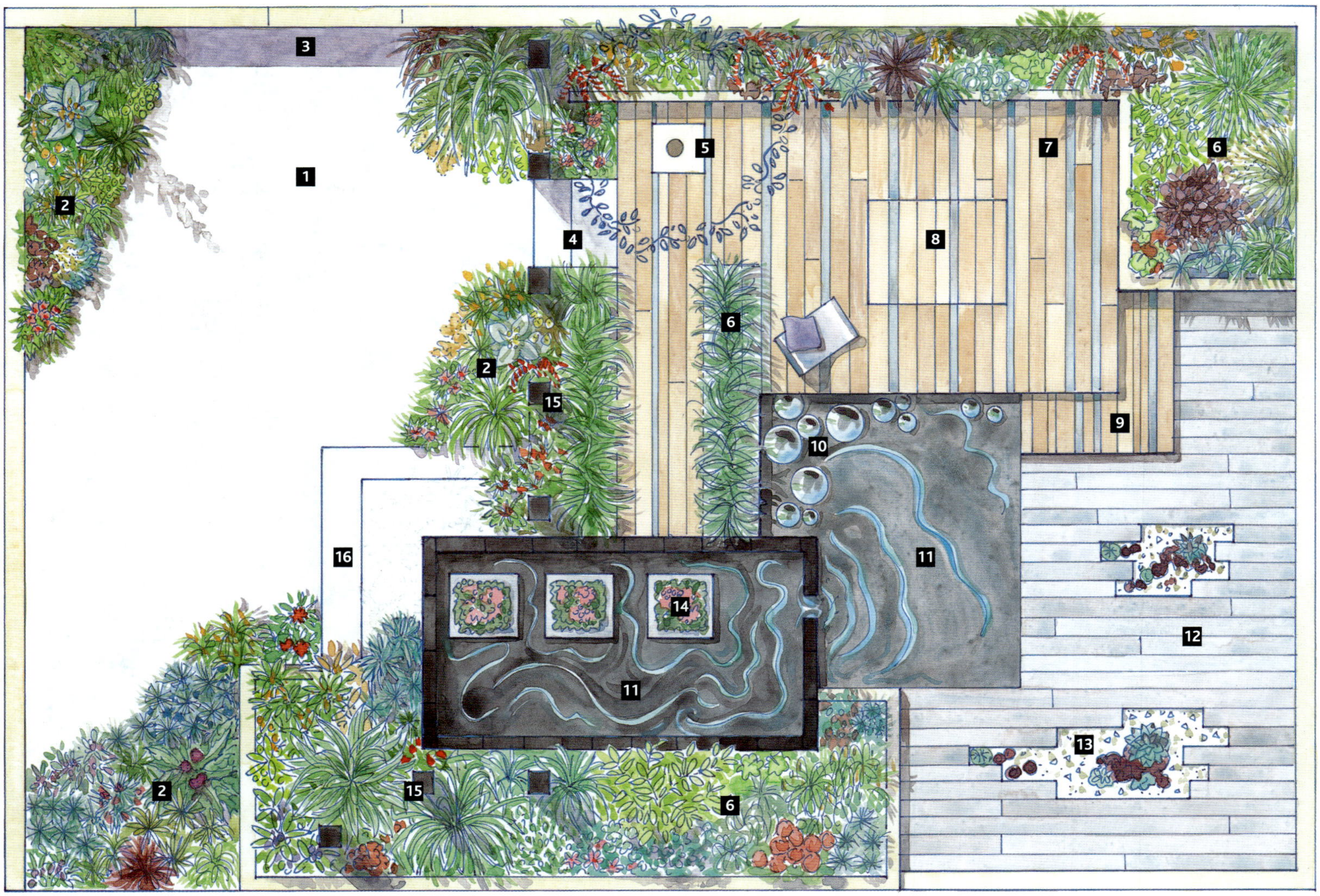

asymmetrie

Asymmetrische tuinen zijn ook in balans, maar op een heel andere manier. Asymmetrie komt voort uit de moderne beweging, een tegenbeweging van de klassieke stijl die de architectuur gedurende de duizenden jaren gedomineerd heeft. Bij asymmetrie wordt het evenwicht niet bereikt door regelmatig geplaatste objecten, maar door een bepaald gedeelte van de tuin in evenwicht te brengen met een ander gedeelte. Een goed voorbeeld is dat van twee gewichten op een balans. Geometrie vereist twee even zware gewichten. Asymmetrie daarentegen gebruikt twee verschillende gewichten. Door het zware gewicht dicht bij het middelpunt te plaatsen en het lichtste gewicht verder weg kan toch evenwicht worden bereikt.

Op deze manier kan een betegeld gebied dat aan het huis grenst in evenwicht zijn met een rij bomen die een verticaal accent gegeven aan de tuin. Of een klein waterbassin met een verhoogd plantenbed een eindje verderop. Asymmetrie brengt dynamiek in een ontwerp en past bij veel bouwstijlen, vooral nieuwere.

vrije vorm

Vrije vormen kunnen het verbazingwekkend goed doen in kleine tuinen, waar ze de aandacht af kunnen leiden van strenge, rechthoekige omheiningen. De eenvoudigste vrije vorm is een cirkel, bedekt met tegels, gazon of grind, met daaromheen planten. De planten zullen de aandacht van schuttingen of muren afleiden of deze zelfs aan het zicht onttrekken. In het laatste geval zal de tuin groter lijken dan hij in werkelijkheid is. Op een groter oppervlak kunnen de vormen elkaar overlappen of overgaan in een regelmatig patroon buiten de tuin.

Het geheim van de vrije vorm is de vormen zowel ruim als eenvoudig te houden; drukke en gekronkelde vormen ogen niet goed. Het is ook belangrijk om in de gaten te houden hoe de verhouding is tussen de vrije vorm, ook wel de positieve ruimte genoemd, en de omheining van de tuin. De ruimte tussen de vrije vorm en de omheining heet de negatieve ruimte. De positieve en negatieve ruimten moeten in evenwicht zijn.

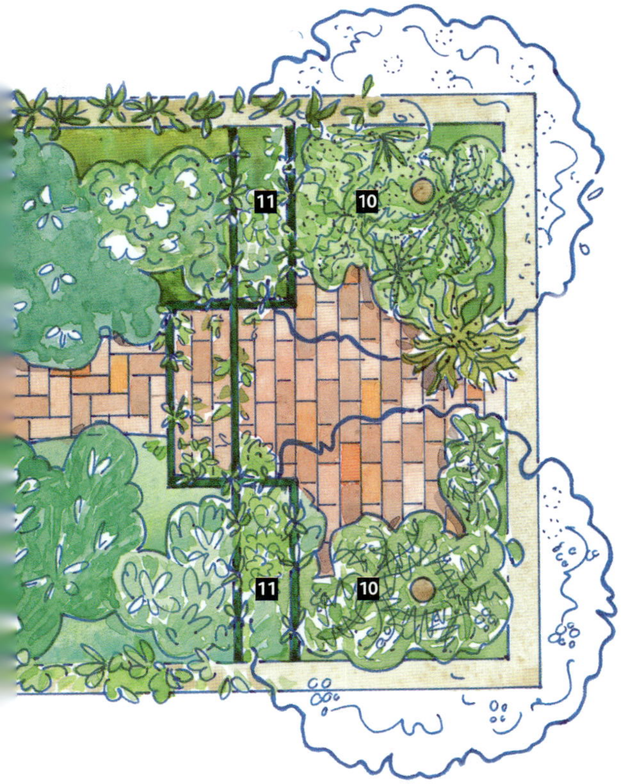

Ook een vrije vorm moet overzichtelijk en in verhouding zijn. In deze kleine maar fraaie tuin wordt u meegenomen op een ontdekkingsreis van het huis naar een verborgen prieeltje. Het lijkt een eenvoudig ontwerp, maar zonder ervaring kunt u een dergelijke tuin niet realiseren.

1 Terras van tuintegels **2** Potten **3** Tuinset **4** Muur **5** Klimplanten **6** Gemengde beplanting **7** Gazon **8** Straatstenen **9** Prieeltje **10** Varens **11** Poort **12** Pad van straatsteen

Helaas hebben we niet allemaal zoveel mazzel dat we uitzicht hebben op de Golden Gate Bridge, maar dit dakterras is een goed voorbeeld van 'geleend landschap'. De vormen van het terras doen denken aan de lijnen van de heuvels in de verte terwijl het ontwerp en de kleuren geïnspireerd zijn op het werk van de surrealistische kunstenaar Joan Miró.

1 terrasstoelen **2** potplanten **3** vaste banken **4** balustrade **5** tuinset **6** stippenkleed **7** stoel **8** afscheiding **9/10** omhoog gerichte schijnwerpers **11** metalen overspanning

deconstructivistische stijl

Het tegengestelde van klassiek is deconstructivistisch. Als we aannemen dat tuinarchitectuur een kunstvorm is, wat zeker het geval is, zouden de grenzen telkens weer verlegd moeten worden. Het deconstructivisme is een kunstvorm die bestaande elementen uit elkaar haalt en ze samenvoegt tot een abstract patroon. Net als bij abstracte schilderkunst is dit geen willekeurig proces. Om een goede compositie te maken moet u veel ervaring hebben. Een deconstructieve tuin, waarin materialen als glas, staal en kunststof verwerkt zijn, past perfect bij moderne architectuur. Een van de grootste problemen bij tuinarchitectuur is dat ze vaak terugblikt op het verleden in plaats van mee te gaan met de tijd. Hoewel vroegere stijlen weliswaar een aanknopingspunt kunnen zijn bij het ontwerpen, zouden we ons er niet door moeten laten beperken. Er zijn natuurlijk prachtige klassieke tuinen, maar het kan stimulerend werken om moderne patronen en materialen uit te proberen en nieuwe ideeën te ontwikkelen.

een prikbord samenstellen

Vanzelfsprekend zult u uw inspiratie overal vandaan halen: tuinen die u bezoekt, boeken, tijdschriften die u leest en foto's die door u of anderen gemaakt zijn. Prik de afbeeldingen eens op een prikbord en hang ze op een plek waar u ze dagelijks ziet. De keuken is meestal een geschikte plaats. Maar elke andere plek waar u vaak langsloopt voldoet. Op het bord kunt u plaatjes van plantenbedden, waterpartijen, paden, muren en betegeling prikken. Ook kunt u er een kleurenschema, stukjes hout of een zakje grind aan bevestigen. Het kan zijn dat u na een tijdje genoeg van iets hebt – vervang het dan door iets nieuws. Laat alle huisgenoten meedoen. Dit alles helpt u de stijl te vinden die het beste bij u en uw gezin past.

rechts Dit prikbord is het uitgangspunt voor de tuin die afgebeeld is op bladzijde 68. Het bevat foto's die gemaakt zijn in andere tuinen, materialen die eventueel gebruikt kunnen worden en tekeningen van ornamenten. Samen met het schetsontwerp kunnen de ideeën nu vaste vorm gaan aannemen.

de ruimte manipuleren

Het manipuleren van ruimte maakt kamers en tuinen interessant. Woningen met weinig tussenmuren maar verschillende afscheidingen worden leuker als je je verplaatst. Het is niet belangrijk waar de afscheidingen van gemaakt zijn, maar elk gedeelte moet verrassend zijn. Bij een tuin is dit niet anders. Het gaat erom dat u spanning creëert; een tuin die in één oogopslag te zien is, is saai. Verschillende hoekjes in een tuin, al is die klein, maken de ruimte uitnodigend.

Denk vóór u de ruimte tot in detail bekijkt na over wat er buiten de afscheiding gebeurt. Het uitzicht kan goed, slecht, of saai zijn, maar is hoe dan ook van invloed op de inrichting van uw tuin. Ik kan niet vaak genoeg zeggen dat het huis, de tuin en alles eromheen bij elkaar horen. Het 'geleende landschap' maakt deel uit van uw tuin. Niet iedereen heeft het getroffen met het uitzicht, maar als u wel geluk hebt, gooi het dan niet weg! Omlijst het met zorgvuldig gekozen planten en bomen om het mooi uit te laten komen. Zoals schilderijen vaak mooier lijken in een lijst is een weids uitzicht indrukwekkender met een subtiele rand erom heen.

links Kamers binnenshuis zijn tamelijk statische aangelegenheden. Buitenkamers daarentegen zijn levendig en veranderen voortdurend. Afscheidingen kunnen worden beplant en subtiele objecten kunnen ons een andere wereld intrekken. We kunnen er tot rust komen, ver van de hectische wereld.

rechts Op deze foto ziet u een prachtig contrast tussen de strakke lijnen van het terras en de meubels en de weelderige beplanting, die de sfeer oproept van een oerwoud.

links Uw tuin zal interessanter en groter lijken als u de aandacht weet te vestigen op de lucht of het landschap buiten de tuin.

Wat alledaagser maar even belangrijk is wat ik 'versmelten' noem. Bij de meeste kleine tuinen domineren de afscheidingen nogal. Soms zijn het hoge muren, meestal zijn de muren echter niet hoger dan anderhalve meter. In het laatste geval zal het vrijwel zeker om de afscheiding tussen uw tuin en die van de buren gaan, en zullen hun planten zichtbaar zijn. Het kan bijvoorbeeld zijn dat er gebladerte in uw tuin hangt. In plaats van het rigoureus te snoeien, kunt u het beter gebruiken en er het beste van proberen te maken. Waarom zou u geen planten kiezen die bij die van de buren passen? U kunt de omheining verbergen waardoor het lijkt of de twee tuinen in

visuele spanning

Zowel een formele tuin als een tuin met een vrije vorm kunt u spannend maken door een pad naar het onbekende te creëren. Spanning, mysterie en verrassing zijn belangrijke elementen in de tuin. Op de tekening links kunt u zien hoe een pad mysterieus uit het gezichtsveld verdwijnt. Op de rechtertekening ziet u hoe een opening in de heg u naar de volgende buitenkamer stuurt. Een glimp van het onbekende wekt altijd de nieuwsgierigheid op; er is een opbouw van spanning en verwachting. Als u door de opening stapt, wordt de spanning opgeheven en is daar de verrassing van het nieuwe uitzicht.

elkaar overgaan. Hoe kleiner de tuin, des te belangrijker is het om de afscheiding te verbergen. Uw tuin zal groter lijken als niet precies duidelijk is waar de ene tuin begint en de andere ophoudt.

Het kan natuurlijk zo zijn dat u eenvoudigweg een echt vreselijk uitzicht hebt dat niet geheel te verbergen is. Vaak pakt de poging om het lelijke te verbergen verkeerd uit. In plaats van het beoogde gedeelte weg te werken vestigt het er juist de aandacht op, zoals een bloempot een putdeksel benadrukt in plaats van verbergt. Het is beter om het oog ergens anders heen te leiden. Als u verderop een blikvanger neerzet, zal die de meeste aandacht trekken en de kijker afleiden van het minder mooie deel.

Blikvangers kunnen bepalen hoe we de tuin beleven. Ze hebben ook grote invloed op de kijkrichting van degene die de tuin inloopt. We lopen automatisch naar dingen als bankjes, tuinhuisjes, bomen, standbeelden en vijvers toe. Dat is allemaal goed en wel maar daarna draaien we ons om en gaan we terug. Het is zaak dat het aanzicht dan even mooi is. Het is een afknapper als we eerst iets moois zien en vervolgens op de weg terug moeten aankijken tegen een garagemuur of de olietank die u zo slim tussen de planten verborgen had.

boven Hier is alles aanwezig: aronskelken om de kijkrichting te bepalen, een rozenboog die u naar het verderop gelegen gedeelte lokt, en een uitnodigende glimp van wat daarachter ligt.

links Een kamer met uitzicht en een balkon met een prachtige overgang van binnen naar buiten! Het geheim is dat de aandacht eerst uitgaat naar de voorgrond, het balkon, waar in de namiddag genoten kan worden van een kopje thee. Pas daarna glijdt de blik verder, naar de daken in de verte.

rechts Het uitzicht moet van twee kanten gezien mooi zijn. Dit is het tegengestelde uitzicht van de foto links. U ziet een fraaie binnenplaats, te klein voor een gazon, maar met een veelheid aan potplanten die de verbinding naar binnen vormen.

binnen en buiten verbinden

Achtertuinen zijn vaak smal. Maar in plaats van dit als een beperking te zien, zouden we het ook zo kunnen bekijken: een kleine tuin vergt minder tijd in onderhoud en er zijn allerlei mogelijkheden voor visuele effecten. Hierbij is het verbinden van huis en tuin belangrijk. Als we de tuin zien als een buitenkamer die onze leefruimte vergroot, is het makkelijker om binnen en buiten te verbinden.

Bij tuinen die niet veel gebruikt worden ontstaat er een psychologische barrière om er te verblijven, vooral in de wintermaanden. En dat terwijl een achtertuin meestal ommuurd en daardoor beschut is. In de nazomer kan het er nog aangenaam warm zijn in de late zomerzon en wat is er plezieriger dan op een heldere wintermorgen met een kopje koffie in uw tuintje te zitten? Ook 's winters kan de temperatuur in een ommuurde tuin behoorlijk oplopen. Een goede tuin is het hele jaar door uitnodigend, deels vanwege een subtiele inrichting, deels door een goede overgang van het huis naar de tuin, waardoor beide ruimten groter lijken. Tevens speelt het gebruik van het 'geleende landschap' een grote rol.

Om de verbinding tussen binnen en buiten tot stand te brengen, kunt u allerlei materialen gebruiken. Als u letterlijk een verbinding tussen binnen en buiten wilt maken kunt u het beste materialen gebruiken die overeenkomen. Dit kan materiaal voor muren of vloeren, verf, beplanting en zelfs water zijn. Ik heb tuinen ontworpen waarbij ik al deze dingen gebruikt heb: een leistenen vloer die buiten doorliep, een gemetselde muur die alleen door een glazen schuifdeur onderbroken werd, potplanten met grote bladeren in zowel de woonkamer als de tuin, en een langwerpig vijvertje dat onder glas stroomde en een fantastisch verbindingselement vormde.

Het harde gedeelte van de tuin zal voornamelijk bestaan uit de bestrating; plaveien, grind, stenen, kinderkopjes, of wat dan ook. Ik wil u eraan herinneren dat u hier het grootste gedeelte van het budget aan zult besteden. Het is dus belangrijk dat het in één keer goed is, omdat een verkeerde keuze u veel geld kan kosten. U hebt de keuze uit natuursteen of gefabriceerd materiaal dat een stuk goedkoper is. Uw huis moet het uitgangspunt voor uw beslissing zijn. Soms ligt de keuze voor de hand; zo kan een mooie natuurstenen vloer in de keuken of bijkeuken doorgetrokken worden naar de tuin. Hetzelfde geldt voor bijvoorbeeld terracotta tegels. Ze kunnen voor een mediterrane sfeer in de tuin zorgen. Let er wel op dat de tegels of stenen vorstbestendig zijn. Neem eventueel contact op met de leverancier. Meestal is er geen verbinding tussen binnen en buiten, maar het huis kan dan wel een inspiratiebron zijn. Als het gemaakt is van baksteen zou u soortgelijke stenen kunnen gebruiken voor het terras. Bedekking met planken zal mooi staan bij een houten huis.

Vaak is het zo dat de bestrating te veel nadruk krijgt als u maar één soort materiaal gebruikt. Twee materialen bij elkaar is meestal mooier. Een goede combinatie is tegels met bakstenen als overgang naar het huis. De bakstenen kunnen ook tussen of om de tegels heen worden gelegd. In een kleine tuin is effen bestrating overigens vaak wel mooi. Er bestaan een paar trucjes om de overgang van binnen naar buiten te suggereren. Een blikvanger in de verte trekt de aandacht meteen naar de tuin. Daarom moet u vanaf het begin het zicht uit ramen en deuren in acht nemen. Subtieler maar minstens zo effectief is de vloer binnen aanpassen aan de bestrating buiten. Ik heb eens op een vloer een schuine streep aangebracht die doorliep naar buiten. Wat ik ook een keer gedaan heb, is een figuur uit gele vloerbedekking snijden en dat vervangen door een stuk blauw tapijt. Dit paste perfect bij het glinsterende blauwe glas van het strakke modern vormgegeven terras. Deze voorbeelden zijn misschien ongebruikelijk, ze laten wel zien hoe belangrijk het is om het oog van binnen naar buiten te leiden en zo het huis met de tuin te verbinden.

Muren kunnen ook goed een verbinding vormen. Vaak loopt er een muur van het huis door naar de tuin. Als deze muur grenst aan schuifdeuren of een glazen pui kunt u het kleurenschema van binnen buiten doorvoeren. Een andere oplossing is een pergola. Die schept niet alleen een verbinding tussen interieur en exterieur, maar omlijst ook het uitzicht op de tuin. Een pergola zorgt er ook voor dat de buren u niet kunnen zien vanaf hun bovenverdieping. Met name bij stadstuinen is het belangrijk om uw privacy in de gaten te houden.

links Eenvoud en subtiliteit zijn het belangrijkst in een ontwerp. Hier wordt het bassin, dat de blauwe lucht weerspiegelt, op een elegante manier omlijst.

rechtsonder Poorten werken uitnodigend. Ze vormen een belangrijk spanningspunt in de tuin. Als ze openstaan, laten ze tevens een stuk van de achtergelegen ruimte zien. Hier is het hek relatief laag en de planten die erboven uitsteken vragen u als het ware verder te lopen.

rechtsboven Het opdelen van ruimte is een aanrader voor alle tuinen. Het brengt een bepaald soort mysterie teweeg. Een muur heeft een groot visueel impact, u móet er wel langs lopen om te zien wat erachter ligt. De schaduw werkt mee aan de ruimteverdeling.

de ruimte verdelen

Door de ruimte te verdelen ontstaan er 'kamers' van verschillende afmetingen. Door elk stuk anders in te richten, maakt u de tuin interessant. Het is niet moeilijk om een opgedeelde tuin verrassend en spannend te maken, maar het is wel essentieel. Stelt u zich een tuin voor met een lege ruimte in het midden. De tuin wordt verdeeld door latwerkafscheidingen die van bovenaf gezien twee halve cirkels vormen. Als u naar het midden loopt, wordt u nieuwsgierig naar wat erachter ligt. Op het moment dat u tussen de afscheidingen door loopt voelt u spanning en daarna volgt de verrassing van het nieuwe uitzicht. Het maakt niet uit waar de afscheidingen van gemaakt zijn; heggen, losse planten of muren. Het karakter zal echter sterk verschillen en mede de stijl van uw tuin bepalen. In een kleine tuin kunt

u één halve cirkel gebruiken met een pad dat door het verborgen gedeelte naar de zithoek loopt. De zithoek hierbij kan het best dwars in de tuin staan, niet in de lengte. Met een simpele afscheiding, een zithoek, een schuine middellijn en een blikvanger is uw tuin compleet.

Een enkele halve cirkel vestigt de aandacht op één kant van de tuin. Twee halve cirkels op dezelfde afstand van het huis suggereren geometrie, en diagonale afscheidingen zorgen ervoor dat u zigzag door de tuin loopt. Elk van deze ontwerpen geeft u andere mogelijkheden, maar alledrie maken ze uw tuin interessant.

gebogen lijnen

Als het aankomt op het verdelen van de tuin maakt het niet uit welk van de vier stijlen u gekozen hebt. Het belangrijkste is dat de afscheiding goed doordacht is en bijdraagt aan het ontwerp; ze moet niet gewoon een barrière zijn waar u langs moet lopen. Deze twee tekeningen zijn slechts ideeën, u kunt ze aanpassen aan uw eigen situatie. Het ontwerp hierboven bestaat uit lange gebogen lijnen; u wordt als het ware door de tuin geleid.

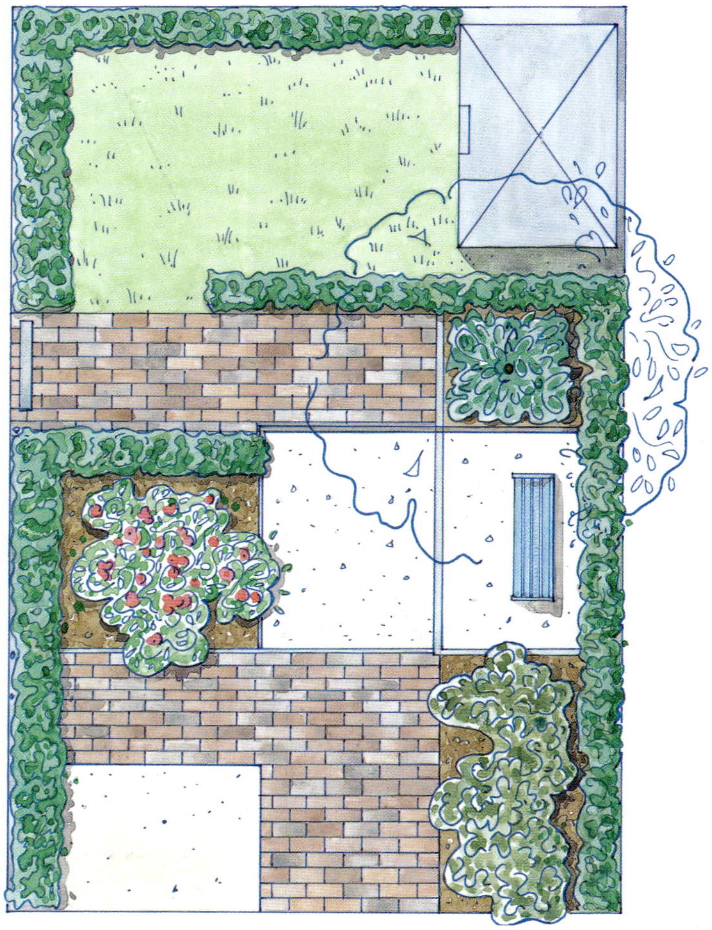

geometrische doorgang

Deze asymmetrische indeling zou de basis kunnen zijn van het ontwerp voor een ommuurde tuin. De route van de straat naar het huis is vol verrassingen. Eerst ziet u een boom, daarna wordt uw blik negentig graden gedraaid en kijkt u naar het huis. Het uitzicht vanuit het huis is helemaal anders; daar ziet u een gesloten ruimte met planten en bestrating. Sommige mensen gaan voorbij aan de mogelijkheden van hun voortuin, maar ook die ruimte kan nuttig zijn.

rechts Beschutting is één van de eerste vereisten voor een tuin en deze afbeelding laat zien dat een eenvoudige benadering het beste werkt. De muren zorgen voor beschutting en privacy en vormen tegelijkertijd een mooie achtergrond voor de beplanting.

de omheining

De kleur en het materiaal van de omheining van uw tuin hebben grote invloed op de eerste indruk ervan. De afscheiding van de tuin kunt u het best vergelijken met muren binnenshuis. Als u druk behang met duidelijke, grote figuren gebruikt, lijkt de kamer kleiner. Licht behang met een fijn patroon geeft het tegenovergestelde effect: de kamer lijkt groter. Bij een buitenkamer is het niet anders. De afscheiding is een van de eerste dingen die van invloed zijn op het ontwerp van uw tuin. Een hek met brede latten is bijvoorbeeld overheersend, smalle latten breken het licht en komen minder zwaar over.

De kleur van het hek is ook belangrijk. Veel mensen schilderen het hek van hun kleine tuintje wit. Maar wit reflecteert het licht waardoor het hek juist opvalt en de tuin kleiner lijkt. Het is beter om een kleur te nemen die niet te veel opvalt. Dit verklaart ook waarom hekken die met een lichte kleur geïmpregneerd zijn zo fel lijken. Verf ze in een donkerder tint en ze zullen onopvallender worden. Een donkere begrenzing valt minder op en daardoor lijkt de ruimte groter.

Een kleine tuin kan ook groter lijken door schuttingen te gebruiken waar u tussen de latten door kunt kijken. Als de omgeving achter de schutting zichtbaar is, krijgt u een gevoel van grotere ruimte. Verf in een dergelijk geval de schutting donkerbruin of zelfs zwart, zodat die opgaat in de beplanting. Als u planten met grote bladeren als begrenzing kiest, werkt dit ook als behang met een groot patroon. Gras, bamboe en planten met fijne blaadjes breken het licht en zorgen ervoor dat een tuin dieper lijkt. Het is fascinerend om te ontdekken hoe we een ruimte kunnen manipuleren. Ook een kleine, niet veelbelovende tuin biedt veel mogelijkheden.

Hoe kleiner de tuin, hoe belangrijker de omheining is. In verhouding heeft een kleine tuin een groot verticaal oppervlak en minder horizontale ruimte. U kunt daar echter van alles mee doen, denk bijvoorbeeld aan klimplanten, nissen, prieeltjes, en waterobjecten. Ga na wat u binnen met kleur en ornamenten kunt doen en vertaal dat naar uw tuin.

Bij de meeste binnenplaatsen in de stad rijzen de muren hoog boven de tuin uit en geven een opgesloten gevoel. Vaak zijn de muren ook nog gemaakt van sombere bakstenen. Een truc die ik vaak gebruik is de muren licht verven tot iets boven deurhoogte; zo'n tweeënhalve meter hoog. Hierdoor wordt de aandacht van de muren naar de tuin geleid. Pergola's op dezelfde hoogte kunnen het gevoel van intimiteit versterken, u meer privacy geven en voor aangename schaduw zorgen.

Effen geschilderde oppervlakken doen het goed; ze kunnen binnen en buiten met elkaar verbinden. U kunt dit idee doorvoeren en planten of gebladerte op de muur schilderen. Deze truc wordt al sinds mensenheugenis toegepast. De schildering kan op zichzelf staan of dienstdoen als achtergrond voor echte planten. Sommigen zullen terugschrikken bij zoiets kunstmatigs, maar het kan goed werken bij een binnenplaats waar beton gestort is en het onmogelijk is iets te poten.

Als u niets in de grond kunt planten, maar ook als dat wel kan, kunt u veel bereiken met plantenbakken aan de muur. Neem zo groot mogelijke bakken; kleine potten moeten vaker bewaterd worden en bieden minder wortelruimte. Wat betreft de vorm van de pot volgt u gewoon uw smaak en kiest u iets wat bij de rest van de tuin past. Hetzelfde geldt voor de keuze van planten. Er zijn veel planten, zowel bloeiende als groene, die het goed doen in een pot. Tuincentra hebben een enorme keuze aan planten, er is altijd iets van uw gading bij. Schenk wel aandacht aan het patroon dat de planten op de muur zullen maken.

Beschouw de muur als het doek van een schilder en maak een schilderij. U kunt een geometrische of een asymmetrische compositie maken, of eenvoudigweg één grote bak aan de muur bevestigen. Ga bij het ontwerp eerst te werk met lege potten. Leg ze op de grond en bepaal de groepering. Op deze manier kunt u schuiven tot u tevreden bent met het resultaat.

Voor mijn tuinen verzamel ik allerlei voorwerpen: reliëfplaten, planten, schelpen en andere dingen die ik vind. Een van de beste dingen die ik met gevonden materiaal gemaakt heb, is een mand met hangende ooievaarsbekjes erin aan de muur en daaromheen een grote witte lijst. Het eindresultaat was geweldig. Een langwerpige bloembak staat mooi voor een raam, niet alleen beneden maar ook op bovenverdiepingen. Bloembakken kunnen ook een saai balkon opsieren.

rechts De omheining van uw tuin is van grote invloed op het ontwerp. Deze houten afscheiding heeft een grote visuele kracht. Kiezen voor dergelijke opvallende kleuren en een aflopende lijn is een extreme benadering, maar wel een die dynamisch en succesvol is.

de indeling

In een grote tuin kunt u tussen de zithoek en de rest van de tuin een soort afscheiding maken. Als het terras een eindje bij het huis vandaan ligt en aan de oprijlaan of de ruimte daarachter grenst, voelt u zich onbeschermd en heeft u weinig privacy. Vaak is het alleen psychologisch. Het gevoel zou wel eens voort kunnen komen uit de prehistorie, toen de mens omheiningen maakte om zich te beschermen tegen indringers en wilde dieren. Hoewel we in onze tuin veilig zijn, houden we nog altijd van afscheidingen omdat ze ons een veilig gevoel geven. Een zithoek kan omringd worden door lage planten zodat u over de tuin kunt uitkijken, maar toch een beschut gevoel krijgt. De plek wordt nog aangenamer als de planten een licht parfum verspreiden. Het gaat erom dat u ontspannen op uw terras kunt zitten. Een tuin, hoe klein ook, is er uiteindelijk voor dat we ons er op ons gemak voelen. Zelfs in grote renaissancetuinen was er meestal een afgescheiden gedeelte waar het gezin zich kon afzonderen. De afmetingen van tuinen mogen veranderd zijn, de filosofie is hetzelfde gebleven – genieten van de buitenlucht zonder gezien te worden door anderen.

Als het terras groot is kunt u een gedeelte voor de zithoek afscheiden. U zou de ruimte op kunnen delen met iets als een verhoogd plantenbed. Als u er geurige kruiden plant voor gebruik in de keuken heeft het een dubbele functie. Ook hier zullen de planten u omgeven zonder dat u het uitzicht kwijtraakt.

een stadstuin

In deze tuin, midden in een Engels stadje, is optimaal gebruikgemaakt van de beschikbare ruimte. Het is een stijlvol ontwerp met een duidelijke middellijn die de aandacht naar het smeedijzeren hek met de urnen en het standbeeld daarachter trekt. De planten aan weerszijden van het pad verzachten het perspectief.

1 Stenen cherubijn **2** Klimplanten **3** Gotisch hekwerk **4** Pilaren met urn **5** Spiraalvormige struiken **6** Grote plantenbak **7** Gemengde beplanting **8** Stoelen **9** Lampen **10** Tafel **11** Gouden regen **12** Klassieke urn **13** vogelbad **14** Smeedijzeren hekken **15** Grote um met planten **16** Blauwe bestrating

een eethoek

Wat is er aangenamer dan een maaltijd in de tuin op een mooie dag? Als u buiten wilt eten moet de daarvoor bestemde ruimte functioneel zijn. Vaak wordt een diner minder prettig door tocht of felle zon. Het is leuk om buiten te eten, maar alleen als de ruimte er geschikt voor is.

Goede voorbeelden van geschikte functionele ruimten zijn terrasjes in de stad. U zult zien dat ze veel dingen met elkaar gemeen hebben. De eerste vereiste is beschutting tegen zowel kou als hitte. Uw favoriete restaurant heeft wellicht grote luifels of parasols die de zon tegenhouden of het licht filteren en in patronen op de tafels doen vallen. Ga later in het jaar, zelfs in de winter, naar dezelfde gelegenheid en misschien vindt u er verwarmingselementen of doorzichtige schermen die neergelaten kunnen worden bij het eerste teken van slecht weer. Er is ook vast gedacht aan toegang van binnenuit en, het belangrijkste, een goede route naar de keuken.

U zou dit soort dingen in overweging moeten nemen bij het ontwerpen van een praktische tuin. Restaurants laten zien dat de eethoek van uw tuin het best aan het huis, vlak bij de keuken, kan liggen, en voldoende beschutting moet bieden. Veel patio's voldoen aan deze criteria en daarom zijn ze bij uitstek geschikt om buiten te eten.

Ik houd van buiten eten dus toen ik verhuisde zorgde ik ervoor dat er schuifdeuren kwamen tussen de keuken en het terras. De afmetingen van het terras zijn belangrijk omdat het moeilijk is ontspannen te eten in een krappe ruimte. Ik heb een hekel aan feestjes waar je overal tussendoor moet manoeuvreren met een bord en een glas omdat je daarvoor, en voor jezelf, geen plek kunt vinden.

links Als de ruimte beperkt is, moet het terras praktisch zijn. Hier staan een aantal planten, een kleine tafel en een paar stoelen waarvan de zitting op het plankier lijkt. Perfect!

Mijn terras meet 5 x 6,5 meter, groot genoeg voor een tafel, stoelen en een hele groep mensen. Er zijn drie verhoogde bloembedden waar we op de rand kunnen zitten als dat nodig is, en er is een ingebouwde barbecue tegen de muur tussen onze tuin en die van de buren. Het kostte wat denkwerk, verbouwwerk en geld om dit te realiseren maar dat was het zeker waard omdat we er veel plezier van hebben.

Ik heb geen pergola gemaakt omdat bepaalde leden van mijn gezin er een hekel aan hebben dat er blaadjes in hun eten vallen, maar we hebben een praktische, grote parasol die de nodige schaduw kan verschaffen. Onze laatste investering was een verplaatsbaar verwarmingselement dat op een vloerlamp lijkt. Dergelijke objecten mogen dan niet zo mooi zijn, ze zijn fantastisch als de barbecue uitgegaan is en de nachtkou optrekt. Het enige nadeel is dat u en uw gasten in de verleiding kunnen komen langer te blijven zitten om nog meer flessen wijn soldaat te maken.

Mensen vergeten er vaak aan te denken dat het materiaal van de terrasvloer praktisch moet zijn. Ik ben een rommelige kok en naar mate de avond vordert, worden mijn serveerkunsten slechter en komen er veel ingrediënten op de vloer terecht. Oké, vet en dressings vliegen soms in het rond. Het is niet slim om voor een dergelijke plek natuursteen te kiezen. Natuursteen kost een fortuin en het is vrijwel onmogelijk er vlekken uit te krijgen. Baksteen kan een goede keuze zijn, evenals gladde betonnen kwaliteitstegels. Ook gevoegde oppervlakken kunnen goed schoon geschrobt worden. Een ruimte die bedoeld is om er te eten moet praktisch zijn. Alles wat u nodig hebt is een rustig ontwerp dat tot leven kan worden gebracht met mensen, eten, muziek en een goed gesprek – *eet smakelijk*!

boven Een goed ontwerp lijkt vanzelf te zijn ontstaan. Hier ziet u muren die beschutting bieden, een zonnescherm, eenvoudige grondbedekking en, het belangrijkste, een tafel waaraan een groep hongerige mensen plaats kan nemen.

links Dit terras is heel functioneel: groot, mooi en heeft makkelijk schoon te houden bestrating. Potplanten zorgen voor kleur en de planten in de verte lokken u de tuin in.

niveauverschillen

Een vlakke tuin is gemakkelijk in te richten, maar een tuin met niveauverschillen kan meer karakter hebben. U kunt uw voordeel doen met een helling; hoogteverschil kan uw tuin interessanter maken. Een stuk grond dat afloopt vanaf het huis lijkt korter terwijl een perceel dat oploopt langer lijkt. Als uw tuin eenmaal ingericht is, zult u echter geen verschil meer zien.

Eenvoudige ontwerpen doen het bijna altijd goed en voor een tuin met een flauwe helling geldt dat u de niveauverschillen breed en ruim moet houden. Als er mogelijkheid is om de ruimte in 'kamers' op te delen kan elk gedeelte een eigen terras hebben met traptreden om er te komen. Dergelijke hoogteverschillen maken een tuin spannend en verrassend. Voor het nemen van een afstapje is concentratie nodig en dezelfde concentratie zorgt ervoor dat de tuin beter opgenomen wordt. Kleine, smalle trapjes zijn vervelend. Maak de treden dus groot. Het is dan ook mogelijk om er potplanten op

traptreden

Om welk onderdeel van de tuin het ook gaat, de details zijn belangrijk. Dit geldt ook voor niveauverschillen. Het materiaal dat gebruikt wordt voor de bestrating kan een inspiratiebron zijn voor de overige harde gedeelten van de tuin. Traptreden staan vaak onder een rechte hoek op de helling waardoor ze van twee kanten te belopen zijn.

De treden op de foto hierboven zijn modern vormgegeven met een combinatie van hout en metaal die in de rest van de tuin terugkomt. Een dergelijk ontwerp kan te steriel worden, maar hier zorgen de steentjes en planten voor voldoende tegenwicht.

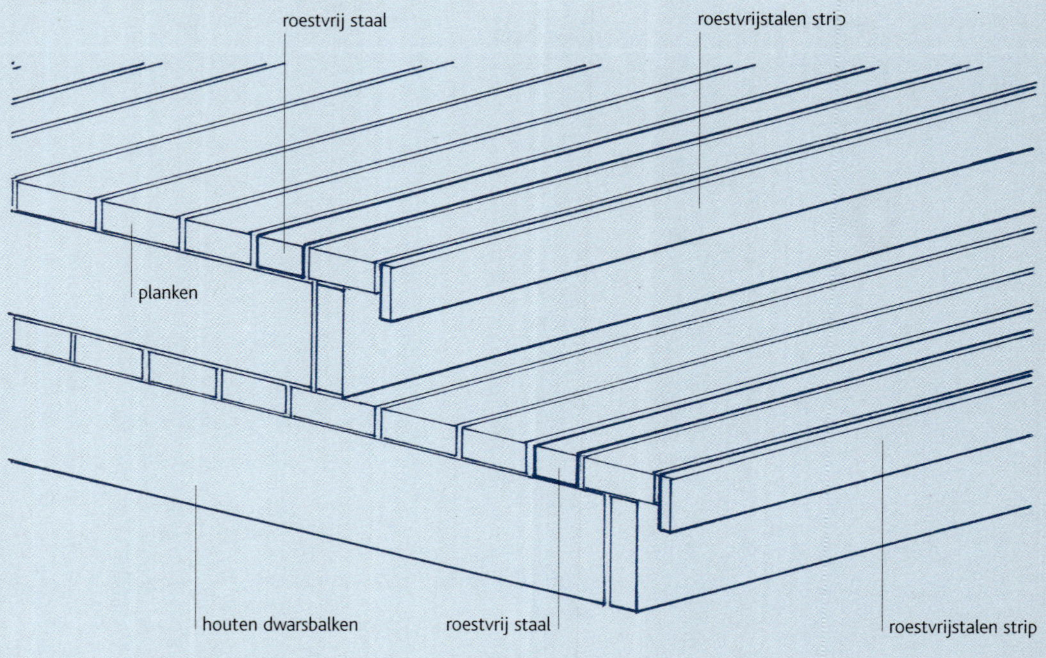

te zetten of erop te zitten tijdens feestjes. Zorg ervoor dat de trappen bij de rest van het ontwerp passen; kies materiaal dat overeenkomt met de overige harde gedeelten van de tuin. De treden kunnen over de hele breedte van de tuin komen als de helling klein is. Bij een steile helling kunnen de treden beter smaller zijn en langs een muurtje lopen. De muur moet voorkomen dat het bovenste gedeelte van de trap inzakt en zal daarom dus goed gefundeerd moeten worden. Een muurtje kan meer dan een functioneel element zijn. Ik gebruik er allerlei materiaal voor als ik met een helling bezig ben. Baksteen, natuursteen, beton, boomstammen en spoorbielzen; alles wat maar bij de rest van de tuin

boven Hier gaan de treden en het plankier in elkaar over. De iets overstekende randen zorgen voor decoratieve schaduw; de varens verzachten de strakke lijnen.

links Verandering van richting geeft een trap een heel ander karakter. Deze vernuftig geconstrueerde treden lijken bijna naar boven te zweven.

onder "Beton is de steensoort van de twintigste eeuw", zei architect Frank Lloyd Wright. Hier maken de bloemen tussen de treden de trap bijzonder.

Vaak worden juist in kleine tuinen de trappen steil gemaakt om ruimte te besparen. Met wat trucjes kunt u een normale trap maken zonder het werkoppervlak van de tuin te verkleinen. Steile trappen zijn niet alleen gevaarlijk maar ook moeilijk te belopen. De klassieke verhouding van treden is 15 centimeter hoog bij 45 centimeter breed. Dit zal iets lager zijn dan de trap bij u thuis maar makkelijker te belopen. Er zijn veel mogelijkheden voor trappen. Naast alle voordelen die ze hebben, zijn trappen echter lastig als u grasmaaiers, kruiwagens en ander zwaar tuingereedschap moet verplaatsen. In een kleine tuin zult u zulk materiaal niet nodig hebben, maar ook daar kan een helling nuttig zijn. Een helling neemt meer horizontale ruimte in beslag, maar kan relatief smal zijn als er

past. Als de tuin begroeid is, zullen de muurtjes onzichtbaar worden door bloemen en bladeren, wat natuurlijk de bedoeling is. Kruipplanten die over de verschillende niveaus heen groeien kunnen strakke vormen vriendelijk maken. Een tuin met niveauverschillen is heel geschikt om water in toe te passen: het kan van het ene niveau naar het andere stromen. De toegevoegde waarde van water is het geluid ervan: het brengt zelfs de kleinste tuin tot leven. U kunt een watervalletje eenvoudig houden of complex maken. Hij kan verbonden zijn met de treden en planten of zelfs een hele watertrap vormen die van het ene niveau naar het andere stroomt.

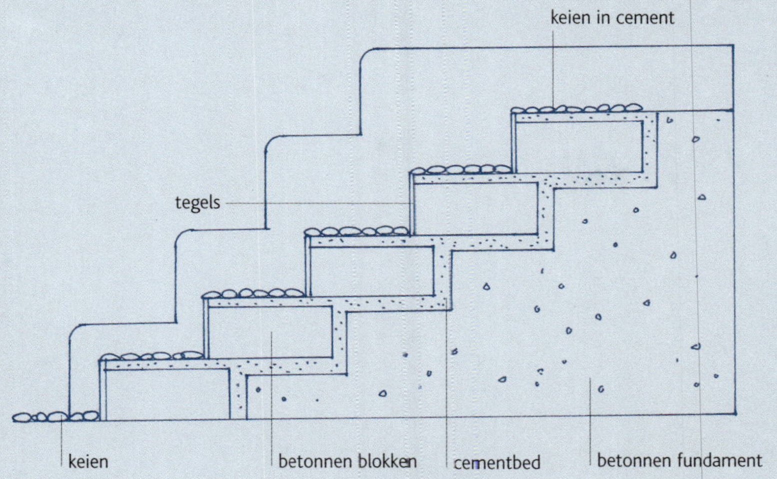

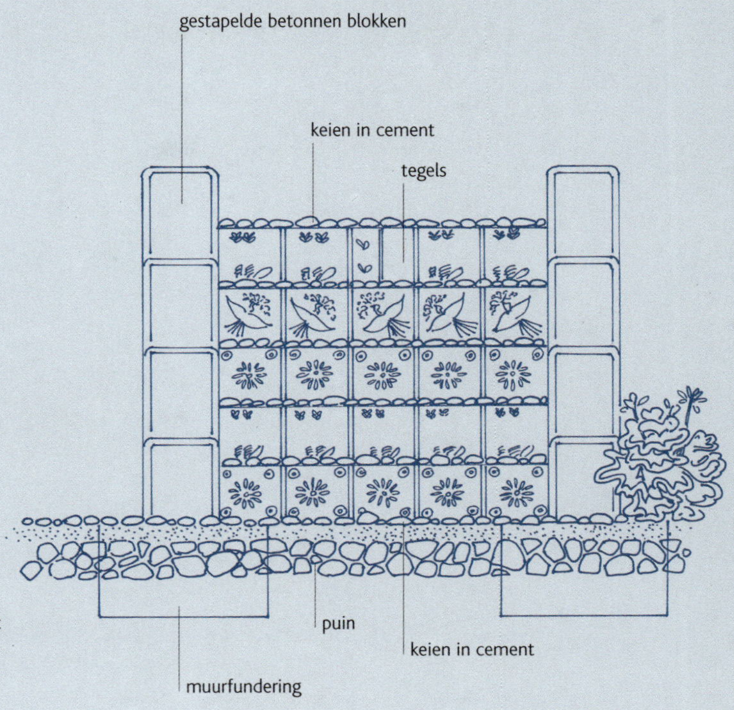

mozaïek

Trappen kunnen zo gecompliceerd gemaakt worden als u maar wilt. Hoe snel er op de trap gelopen zal worden hangt af van het materiaal dat u gebruikt. De ongelijke grindstenen die hier gebruikt zijn, zullen uw pas vertragen. Dit ontwerp is solide en een lust voor het oog. De zijmuren zijn gemaakt van gestapelde betonblokken en het geheel staat op een stevig fundament. Aangezien het niveauverschil vrij groot is, is de basis gemaakt van hetzelfde massieve beton dat onder het terras ligt.

maar geen scherpe bochten in zitten. Verzeker u ervan dat het materiaal dat u kiest stroef is zodat u de helling ook kunt gebruiken als het regent of vriest. Bakstenen, granietblokken of tegels met structuur voldoen het best.

Hoogteverschillen hoeven natuurlijk niet te bestaan uit rechthoekige vormen; ze kunnen ook gedraaid, diagonaal of hexagonaal zijn als de trappen maar bij de rest van het ontwerp passen. Een aflopende of oplopende tuin kan bestaan uit twee elkaar overlappende vormen. Elk gedeelte kan beplant of bestraat worden, een terras hebben, of wat dan ook, afhankelijk van de grootte.

Sommige tuinen hebben zoveel niveauverschillen dat ze gecompliceerd zijn. Hierdoor kan het moeilijk zijn een goed ontwerp te maken. De oplossing kan liggen in een serie plankieren op verschillende hoogten, met trapjes aan elkaar verbonden. In een kleine tuin zal het makkelijk zijn om dingen als vast meubilair, bloembakken en zelfs een bad of Jacuzzi in te bouwen in de ruimte onder het plankier. In het algemeen geldt dat alle treden en hoogteverschillen 's avonds subtiel maar goed verlicht moeten worden.

links Dit is het weidse uitzicht vanuit uw Italiaanse villa. Het is natuurlijk nep, maar kijk hoe fraai het is geschilderd. Let wel, dit is een waar kunstwerk. Onderneem zoiets alleen zelf als u met talent begiftigd bent. Is dat niet het geval, dan moet u er een fortuin voor betalen.

rechts Ik ben geen liefhebber van vals latwerkperspectief, maar hier wordt het ene tuingedeelte gebruikt als omlijsting voor het andere en kan ik het waarderen. De symmetrische beplanting versterkt het effect van ruimtevergroting.

optisch bedrog

Zelfs de kleinste tuin biedt wel plezier. Het is een uitdaging om de beschikbare ruimte maximaal te benutten. Soms kan dat worden gedaan door dingen in te bouwen of het vloeroppervlak zo groot mogelijk te maken, maar uiteindelijk zitten we vast aan de begrenzing van de tuin. Dat is niet altijd erg; een kleine tuin is bijzonder comfortabel als het op onderhoud aankomt. Om ruimte te suggeren kunt u de kijker om te tuin leiden. Het is een uitdaging om dat op een overtuigende en tegelijkertijd grappige manier te doen. Er zijn verschillende soorten optisch bedrog en ze kunnen toegepast worden in de tuin.

Het gevaar bestaat dat een dergelijk object te opzichtig wordt. Daarom kan ik iets als een *trompe l'oeil*, latwerk met daarin een schildering van een klassiek beeld, meestal niet waarderen. Het schilderij is meestal slecht en voegt niets toe aan de tuin. Doorgaans is het geschilderde beeld van zichzelf al geen hoogstaande kunst. Wat ik ook wel eens gezien heb, zijn doorkijkjes die toelopen aan het eind, met erlangs potten die afnemen in maat. Aan het eind van het laantje staat dan een standbeeld of andere blikvanger. Vanaf het begin van het doorkijkje gezien lijkt het inderdaad alsof de tuin langer is, maar als u het laantje in loopt en achterom kijkt bekruipt u een vreemd gevoel omdat het perspectief niet meer klopt. Bovendien is het effect van ruimtevergroting dan helemaal weg. Denk daarom goed na voor u begint te experimenteren met optisch bedrog. Mocht u er toch voor kiezen, neem dan iets wat daadwerkelijk iets toevoegt aan uw tuin. Maak geen ontwerpen waar u binnen de kortste keren op uitgekeken bent.

Al duizenden jaren worden in de tuin muurschilderingen gebruikt. De beste ervan zijn ware kunstwerken. Als u muren hebt, is het verleidelijk om er een schildering op aan te brengen, maar voor u aan zoiets begint moet u zich ernstig afvragen of het wel bij uw tuin past. Een muurschildering moet niet op zichzelf staan maar bijdragen aan het ontwerp. Een tuin in Italiaanse stijl kan omgetoverd worden tot een kloostergang met geschilderde bogen op de zijmuren. Ik heb eens een prachtige Provençaalse tuin gezien met een muurschildering van een raam dat uitkeek over een lavendelveld.

Zelf heb ik eens de truc van het lichter schilderen van het onderste deel van de muren toegepast bij een deprimerende stadstuin. Eenmaal bezig was ik geïnspireerd en schilderde een imitatie bakstenen muur die uit het huis voortkwam. Een geschilderde kater liep boven op het muurtje, tussen de bladeren van een echte klimop,

links Een raam op de juiste plek in een schutting tussen twee tuingedeelten benadrukt het uitzicht en versterkt het dieptegevoel. Het wordt heel verleidelijk om het andere deel van de tuin in te lopen.

rechts Spiegels kunnen een ruimte aanzienlijk groter doen lijken. De spiegel op deze foto is onder een schuine hoek gezet en laat op een dramatische, zelfs surrealistische manier de planten van verderop zien.

naar een geschilderde stenen trap die op de tuin uitkwam. Het is natuurlijk puur bedrog maar het kan uw tuin cachet geven. Een geschilderde maan in een Japanse tuin, de skyline van Manhattan bij een New Yorks aandoend terras, wat u maar wilt, als het maar bij uw tuin past.

Dan is er nog oplegwerk. Het beste resultaat krijgt u met ramen en deuren. Een half open deur door een muur is onweerstaanbaar. Wat zit erachter? Natuurlijk gaat de deur nergens heen, maar een stoepje, een deur en een paar potplanten hebben grote visuele invloed. Een raam op een afscheiding kunt u voorzien van een geschilderd uitzicht. Zo dat een fabrieksmuur uitzicht geeft op een heel ander landschap.

Een spiegel is een andere manier om ruimte te suggereren. Hier moet u weloverwogen te werk gaan om ervoor te zorgen dat het geen kitsch wordt. Het heeft geen zin een spiegel te plaatsen aan het eind van een pad, zodat u uzelf ziet als u ernaartoe op weg bent. Het geheim ligt hierin, dat u de spiegel onder een bepaalde hoek plaatst zodat hij een verderop gelegen gedeelte van de tuin weerspiegelt zonder te reflecteren naar het terras of de huisdeur. Een ander idee is een boog op een muur metselen en een spiegel in de nis eronder bevestigen. Een paar potten met planten eromheen maken het bedrog compleet. Alles wordt slechts van één kant weerspiegeld zodat het echt lijkt of er zich een andere tuinkamer achter bevindt. Een raam met een spiegel achter een bloembed suggereert een tweede bloembed aan de andere kant van het raam. Dit lijkt heel echt en is een stuk gemakkelijker dan het schilderen van een uitzicht.

Hoewel er speciaal spiegelglas voor buiten is, gebruik ik eigenlijk alles wat ik voor handen heb, onder andere passpiegels. Spiegeltegels kunnen in een raamkozijn of op een verticaal vlak geplaatst worden. U kunt er allerlei patronen mee maken. Een grote spiegel of spiegeltegels staan ook mooi achter een afscheiding van latwerk. Tegenwoordig zijn er spiegels van acryl glas, plastic glas of het duurdere policarbonaat. Ze zijn nagenoeg onbreekbaar, een prettig idee als er kleine kinderen in uw tuin lopen. Als grapje zou u een lachspiegel in uw tuin kunnen zetten. Die zal uw tuin niet ruimer doen lijken maar kan wel het ijs breken op feestjes. Het is niet erg als op den duur het weer in het glas van de spiegel komt. Als de spiegel gedeeltelijk bedekt is door planten blijft het beeld toch niet strak. Het is heel onwaarschijnlijk dat er vogels tegen een bedekte spiegel aan vliegen.

Een andere mogelijkheid om de tuin groter te doen lijken is spelen met licht. Door lampen in aflopende grootte en sterkte langs het pad te plaatsen krijgt u een prachtig vals perspectief als het donker is. Omdat u in het donker waarschijnlijk niet rond gaat lopen, werkt dit 's avonds beter dan enig andere vorm van gezichtsbedrog. Probeer verschillende dingen uit zoals u dat ook binnen zou doen. Wees niet bang om te expirimenteren met ongebruikelijke vormen van belichting.

materialen

In vroeger tijden was het kiezen van materiaal eenvoudig. De reden waarom straten en tuinen er zo harmonieus uitzien op oude afbeeldingen is dat er alleen materiaal uit de streek gebruikt werd. Tegenwoordig is het aanbod enorm, maar u kunt alles natuurlijk in één lijn houden.

Natuursteen is duur omdat het gehouwen en in stukken verdeeld moet worden, wat veel tijd en moeite kost. Als u een kleine tuin hebt, kunt u het echter overwegen. Het mooie van natuursteen is dat er variaties in de kleur en textuur zitten. Een goed gelegde vloer kan dat mooi doen uitkomen. Dit soort bestrating lijkt het mooist als het op een onregelmatige manier gelegd is, met rechthoeken van verschillende afmetingen. Leisteen, glad of ruw, staat mooi maar heeft als nadeel dat het glad wordt als het regent. Al te onregelmatige bestrating ziet er druk uit en is af te raden vlak bij het huis. Eenvoud is niet alleen belangrijk voor het gehele ontwerp maar ook voor de details.

Op een kleiner oppervlak kunt u granietblokken gebruiken. Deze werden vroeger als straatstenen gebruikt omdat ze vrijwel onverwoestbaar zijn. Door de kleine afmetingen kunnen ze goed dienstdoen in een binnenplaats. Vaak worden ze gelegd in de vorm van een waaier of cirkel. Het enige nadeel van graniet is dat het een hobbelig oppervlak heeft waardoor het minder geschikt is om meubilair op te zetten. Kinderkopjes, ook prachtig, zijn stenen die geslepen zijn door water. Ze kunnen zowel los neergelegd als gevoegd worden. Het is in beide gevallen de kunst om ze zo neer te leggen dat de ruimte ertussen niet zichtbaar is. Ook kinderkopjes zorgen voor een ongelijk oppervlak.

Een veranda is hoogst veelzijdig en snel te maken door lange planken te gebruiken. Er is veel variatie mogelijk in het legpatroon. Zorg voor een

goede ventilatie onder de oppervlakte omdat de planken anders snel gaan rotten. Dit betekent dat de dragers van de vloer dezelfde moeten zijn als die binnenshuis; draagbalken of een vorm van dwarsbalken. Soms kan het voorkomen dat u het hout op betrating of al bestaand beton kunt leggen. Dit zal u veel werk schelen en voorkomt dat u met overtollig materiaal opgescheept zit. Het laatste is vooral in de stad vervelend. Een veranda is meer dan een serie vastgetimmerde planken; er is veel mee te doen en als de veranda naast het huis ligt zal het dienstdoen als verbindingselement. Er zijn allerlei bijzondere ontwerpen mogelijk: diagonaal gelegde planken, een schaakbordpatroon, afwisselend smalle en brede planken, planken van verschillende kleuren, enzovoort. Een diagonaal patroon voegt

boven Dit ondiepe waterbassin is een absolute blikvanger in de tuin door de veelkleurige tegeltjes. De eenvoudige straatstenen en ingelegde kiezels eromheen vormen het puntje op de i.

links Een blokkenveld ligt ten grondslag aan veel patronen. Het heeft een sterk perspectief waarmee gespeeld kan worden. In deze tuin zorgt het in combinatie met de geometrie voor optische verwarring.

links Dit is een artistiek voorbeeld van een mozaïek dat een levenlang meegaat als het goed gelegd is. Een deel van het succes ligt hier in het feit dat de aandacht gevestigd wordt op het paadje dat de hoek om gaat.

onder Een plankier doet warm en comfortabel aan, zeker in combinatie met de koele granietblokken. De niveauverschillen en contrasterende materialen vragen elk om een andere benadering van de ruimte.

Er is een nog veel grotere keuze aan gefabriceerd materiaal, zoals de veelal gemakkelijk te leggen goedkope betonnen tegels. Er komen steeds meer imitatie natuursteentegels op de markt die goed lijken op hun voorbeeld, maar de helft goedkoper zijn. Sommige soorten zijn ongelijk om ze oud te doen lijken, andere zijn glad en recht.

Straatsteen is een van de nuttigste materialen. Er worden steeds meer vorstvrije stenen gemaakt die in alle mogelijke kleuren te krijgen zijn. Straatstenen hebben een zachte uitstraling die mooi staat bij de meeste planten en bovendien een goede overgang naar bakstenen muren vormt. U kunt dezelfde stenen gebruiken om plantenbakken, zitplaatsen en allerhande ingebouwde objecten mee te maken zodat er eenheid in de tuin is.

Het bestratingspatroon heeft invloed op de ervaring van de ruimte. Een kleine tuin zal breder en daardoor groter lijken als de tegels en stenen in een welvende lijn over de breedte liggen. De tuin zal smaller en langer lijken als hetzelfde materiaal over de lengte van de tuin gelegd wordt.

vanzelfsprekend een diagonaal element toe aan uw ontwerp. Een schaakbordpatroon is vrij druk. Door te variëren in de breedtes van de planken kunt u een bepaald ritme weergeven. Verschillen in kleur kunnen zowel dramatisch als subtiel zijn.

U kunt spoorbielzen in uw ontwerp opnemen voor verhoogde plantenbedden of als bedekking van het vloeroppervlak. Het is belangrijk dat de bielzen schoon zijn en niet doordrenkt van olie of pek dat er met warm weer uitzweet, met desastreuze gevolgen. Bielzen zijn zwaar en sterk. De masculiene uitstraling en langwerpige vorm past goed bij planten met grote bladeren en lichter gekleurd materiaal als grind en houtsnippers. Het is gemakkelijk om snel een verhoogd plantenbed te maken als u de balken stapelt op de manier van bakstenen in een muur. Drie bielzen op elkaar is meestal hoog genoeg. De brede randen kunnen tevens dienen als zitplaats.

boven Dit eenvoudige blokkenveld van graniet en grind is een raamwerk voor de beplanting en leidt het oog direct naar het hogere niveau.

rechts Als bestrating met zorg gelegd is, is het een waar tuintapijt. In deze tuin is gewerkt met granietblokken van verschillende afmetingen. De prachtige textuur zorgt samen met de verhoogde plantenbedden en bielzen voor een fascinerend effect.

kleur, patroon en textuur

Bij de aanleg van een tuin wordt erg gelet op kleur, patroon en textuur van planten. Bij de harde gedeelten wordt hier vaak aan voorbij gegaan. Terwijl die juist van het grootste belang zijn bij de indruk die de tuin geeft en de manier waarop we erdoorheen lopen. Gladde oppervlakken staan een sneller tempo toe dan ruwe. Houtsnippers en grind vertragen en over kinderkopjes moet voorzichtig gelopen worden. Zwerfkeien houden u min of meer tegen.

Dat de bestrating belangrijk is voor de manier van voortbewegen ontdekte ik toen ik mijn parkeerplaats uit de tuin had gehaald. In plaats daarvan wilde ik een onderhoudsvrij gedeelte met straatstenen, planten en grote gladde zwerfkeien. De laatste hadden een prachtige vorm en pasten precies bij de groenblijvende struiken. De snelste route van de straat naar de voordeur was een diagonale lijn over licht gekleurde imitatie natuurtegels die mooi bij de voorgevel stonden. Een dergelijk glad oppervlak bevordert de loopsnelheid. Elke dag stapte de postbode met ferme tred naar onze brievenbus, waarbij hij altijd ongevoelig over de schoonheid van een hosta heen walste. Het was duidelijk dat hij de kortste weg nam en daarom verlegde ik een aantal zwerfkeien om onze geliefde plant te beschermen. De volgende ochtend nam de postbode zijn gebruikelijke route en

links In een moderne omgeving past een moderne aankleding. Ontwerpers beginnen eindelijk de mogelijkheden in te zien van de verschillende materialen. Ook u kunt materiaal op een vernieuwende manier gebruiken. Hier ziet u een combinatie van hout met staal en staptegels waar tijm op groeit.

rechts Het gewicht van het materiaal wordt belangrijk als het om een dakterras gaat. Dan kunnen synthetische materialen hun nut bewijzen. Dit dak is één en al vrolijkheid met polkastippen die over het oppervlak dansen.

een modern kunstwerk

De moderne kunststroom kwam tot ontwikkeling aan het begin van de twintigste eeuw, maar heeft stand gehouden tot in onze tijd. Modernisme heeft een voorliefde voor in balans zijnde kleuren en contrasterende geometrische vormen die asymmetrisch gesitueerd zijn. De afgebeelde tuin is een kunstwerk met een bijzonder samenspel tussen muren, water, kleur en minimale beplanting. We zijn vaak geobsedeerd door planten, maar niet elke tuin hoeft er vol mee te staan.

1 Bomen met licht gebladerte
2 Trede tussen twee niveaus
3 Hoge muren als een scherm dwars in de tuin **4** Kiezels **5** Beplanting
6 Verhoogd zwembad

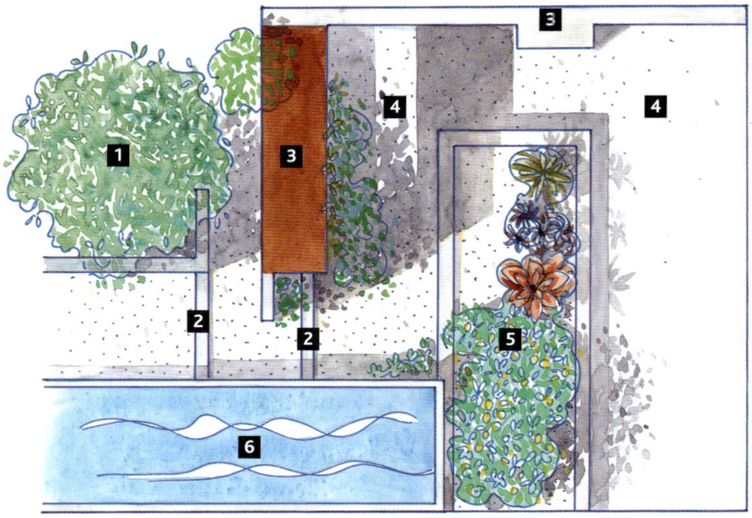

rechts Muren zijn er om gebruikt te worden, of het nu binnen is of buiten. Deze gekleurde panelen verlevendigen de tuin. De uitgespaarde ruimte in de muur omlijst het gedeelte erachter.

kneusde zijn enkel lelijk. Het is duidelijk dat hij nooit weer op die hosta stapte!

Muren zorgen voor beschutting maar kunnen een tuin soms donker maken. Er zijn verschillende manieren om dit op de lossen. Om te beginnen werkt een licht vloeroppervlak het best omdat dat het licht reflecteert. Straatstenen en tegels zijn in alle mogelijke kleuren te krijgen en fabrikanten zijn zo aardig om ook wat vale tinten te produceren. Grote tegels lijken lichter dan kleine omdat er minder voegen tussen zitten. Neem vooral geen gekleurde stenen; ze worden grauw en zijn opzichtig. Bestrating moet een rustige achtergrond vormen voor alle soorten activiteiten die in uw tuin plaatsvinden.

Steengruis, wit of lichtgekleurd, is mooi in donkere gedeelten, bijvoorbeeld bij een souterrain in een stadstuintje. Het kan gebruikt worden als grondbedekking met planten ertussen en staptegels ernaartoe, of als tegenwicht voor ander materiaal. Lichtgekleurd gruis kan indrukwekkend staan bij donkere balken of donkere bestrating.

Bij tuinen die in de felle zon liggen, kunt u beter geen wit gebruiken. Kies terracotta of gedekte kleuren die het zonlicht opnemen in plaats van weerkaatsen. Donkere bestrating is af te raden in een zonnige tuin omdat de tegels te heet worden om er blootsvoets op te lopen. Veranda's zijn mooi en praktisch in een warme omgeving. Ze komen van oorsprong dan ook uit het zonnige Californië. Spaanse en mediterrane tuinen kunnen een inspiratiebron zijn: ruw bepleisterde muren, pergola's met geurende klimplanten en terracotta of gedecoreerde tegels. Een fonteintje aan de muur maakt het geheel af. Bij het geluid van water op een zonnige zomerdag waant u zich in hogere sferen. De beste mediterrane tuinen zijn niet gekunsteld; hoe dichter bij de evenaar, hoe meer kleur een tuin kan verdragen zonder druk te lijken. Dit komt door het licht; als de zon sterker is, worden kleuren matter. Dit geldt trouwens ook voor mensen.

Tuinarchitecten zijn continu bezig te experimenteren met nieuw materiaal, van plastic tot glas. Hoewel veel mensen er weerstand tegen hebben, kan het resultaat verbluffend zijn. Glas wordt steeds populairder en het is in vele vormen verkrijgbaar. Om maar wat te noemen: platen met afgeronde hoeken, als gruis of in de vorm van kiezels. Het wordt vooral in tuinen gebruikt omdat het spiegelt en glinstert. Ideaal voor donkere hoekjes. Glas is verkrijgbaar in allerlei kleuren. Ik gebruik glas op verschillende manieren, van kiezels in plantenbedden en bloempotten tot glas in combinatie met roestvrijstalen waterobjecten. Glazen kiezels geven prachtige kleuren. Ze kunnen op dezelfde manier toegepast worden als gewone kiezelstenen, voor grote oppervlaktes of tussen planten.

Plastic staat nog verder op de lijn van de evolutie. Kunstgras wordt al jarenlang gebruikt. Het is te verkrijgen in verschillende kleuren. Mensen zien het meestal als namaakgras terwijl u het eigenlijk moet beschouwen als onderhoudsvrije vloerbedekking. Het biedt tal van mogelijkheden omdat het niet verkleurt, niet rot en werkt als antislip. U kunt er patronen of golvende lijnen van snijden die onderling verbonden zijn, en u kunt werken met meerdere kleuren. U kunt er ook hier aan denken een kleur te kiezen die het interieur met het exterieur verbindt. Plastic wordt snel warm, maar niet heet. Kunstgras kan moeiteloos op hellingen gelegd worden zodat er geen treden nodig zijn. Groot voordeel is ook dat er geen onkruid onder kan groeien. Er zijn nog veel meer mogelijkheden om plastic in uw tuin toe te passen. Bijvoorbeeld geweven polyester, gespannen op een frame. Iets dergelijks kunt u gebruiken als afscheiding. De mogelijkheden om ander materiaal te gebruiken zijn legio. Gebruik uw fantasie en experimenteer!

de aankleding

boven Dit is een fraai tafereeltje in Japanse stijl; de eenvoudige schutting, de stenen en planten vormen een verfijnde combinatie.

rechts Tuinen zijn in de eerste plaats ruimten voor ontspanning. Ingebouwde zitplaatsen besparen ruimte en zijn comfortabel. Ze worden een unieke plek in uw tuin door uw persoonlijke decoraties.

ook een creatief ontwerp moet praktisch zijn. Alle tuinmeubels, objecten en afscheidingen moeten goed geconstrueerd zijn om de tuin er goed uit te laten zien. Of u het werk nu zelf doet of laat doen, stel hoge eisen en heb aandacht voor de details. Net als bij bestraten en behangen geldt dat een slechte voorbereiding zorgt voor een slecht resultaat. Het slagen van elk willekeurig onderdeel hangt af van de dingen die u niet kunt zien – de fundering, de ondergrond en het mechaniek. Waterpompen die niet goed geïnstalleerd zijn en niet goed gelegde elektriciteitskabels zijn een bron van ergernis. Als de pomp niet op de juiste manier geïnstalleerd is, zal de fontein het niet goed doen. Zonder elektriciteit doet geen enkele pomp het.

De afwatering van het terras moet van het huis aflopen. Blijf daarbij 15 centimeter onder de vochtkering. Indien uw tuin is omgeven door muren is een afwateringssysteem onontbeerlijk omdat een dergelijke tuin gauw onder water staat. Eén of meerdere afwateringsgaten zijn daarbij noodzakelijk. De fundering van muren, verhoogde plantenbakken en muurtjes moet twee keer zo breed zijn als de muur zelf. De diepte van de funderingen hangt af van de grondsoort – ze moeten op vaste grond staan. Hoewel dit een kwestie is van nuchter nadenken, zou u verbaasd zijn te weten hoe vaak aan deze dingen voorbijgegaan wordt, met alle gevolgen van dien.

Een mooi eindresultaat hoeft niet per definitie veel geld te kosten. De tijd van de instant tuinen is voorbij. Geef uw tuin de kans zich te ontwikkelen in plaats van volgroeide planten en nieuwe materialen te kopen. De planten te zien groeien en in de loop van de tijd elementen toevoegen is wat tuinieren zo plezierig maakt. Geduld is een belangrijke eigenschap voor een tuinier. Patio's zijn klein en knus en de inrichting hoeft niet duur te zijn. Ik heb tuintjes gezien waarvan nagenoeg al het materiaal gevonden was; bakstenen, tegels, hekken en timmerhout. Zulke tuinen zien er bijna meteen aantrekkelijk uit, een pluspunt voor een buitenkamer.

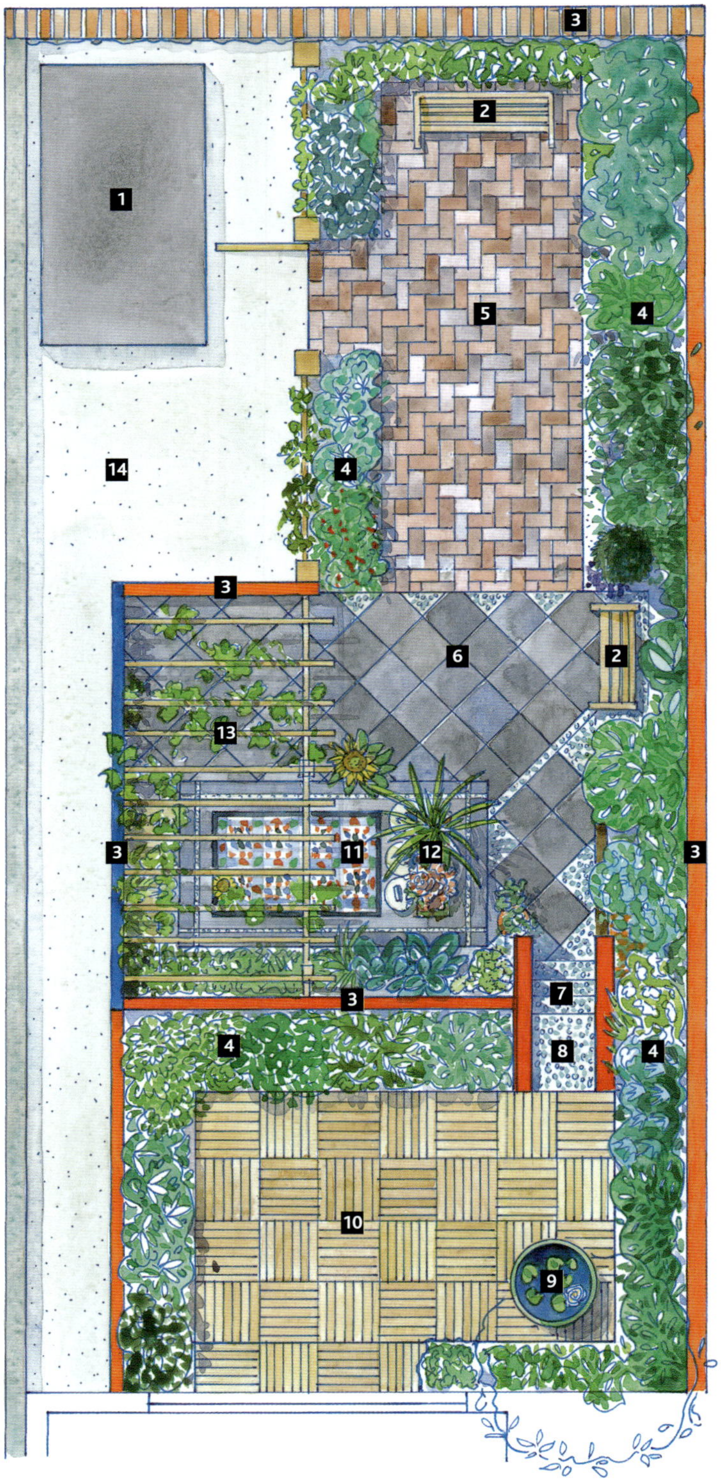

buiten wonen

Op de lijst van eisen voor de tuin staat ontspanning vaak hoog genoteerd. In deze aangename tuin is ruimte om te zitten, te eten en allerlei activiteiten te ondernemen. Over deze functies is grondig nagedacht. De pergola zorgt voor schaduw en de muurtjes en trapjes bieden extra zitplaatsen. De eenvoudige banken, stoelen en tafels maken het plaatje af.

1 Schuur **2** Bank **3** Muur
4 Beplanting **5** Straatstenen
6 Gedecoreerde tegels **7** Mozaïektrap
8 Keien **9** Miniatuurvijver **10** Plankier
11 Waterbassin **12** Potten **13** Pergola
14 Lege ruimte

tuinmeubelen

In de veilige omgeving van een kleine tuin komen we tot rust. Omdat de tuin zich dicht bij het huis bevindt, gaan de bewoners bijna vanzelf naar buiten om er te zitten, eten en ontspannen. Om dit op een zo aangenaam mogelijke manier te doen moeten we nadenken over de tuinmeubels. Aangezien er weinig ruimte is, is het van groot belang om het meubilair op een praktische maar esthetische manier te rangschikken. Helemaal mooi is het als dingen op twee manieren te gebruiken zijn; een verhoogde bloembak die als bankje dienstdoet of een ingebouwde barbecue die tevens plantenhoekje is. Net als binnenshuis kan het meubilair een ontwerp maken of breken. Het is niet zo dat u de geijkte dingen hoeft te kiezen. Bij een klassieke tuin passen heel goed moderne meubels en ornamenten, en klassieke meubels kunnen goed staan in een avant-garde omgeving.

onder Hier staan bomen, wilde bloemen en een stenen bank op een mooie manier gegroepeerd, omgeven door een gracht in moderne stijl.

lattenbank

U kunt u overal door laten inspireren voor het maken van een bank. De bank op de foto rechts is niet eenvoudig te maken voor een doe-het-zelver, maar hij kan vereenvoudigd worden.

De constructie is gebaseerd op een rij vierkanten met halfkeepsverbindingen die stevig in elkaar gelijmd en geschroefd zitten. De dwarsbalken houden het geheel bij elkaar en dragen de latten van de zitting. Tussen de vierkanten zitten verticale planken met dwarsbalken waaraan de ruglatten bevestigd zijn.

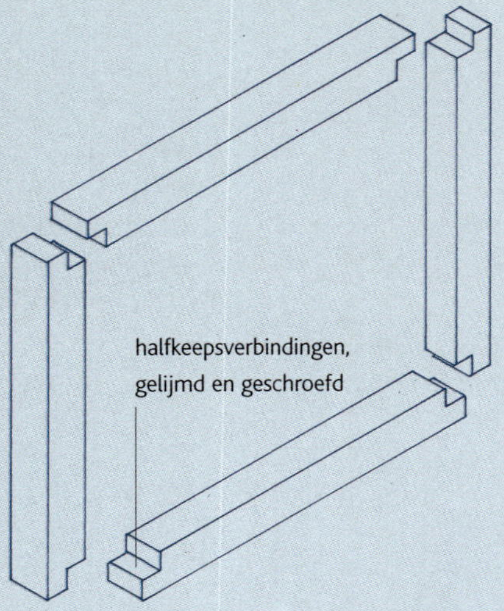

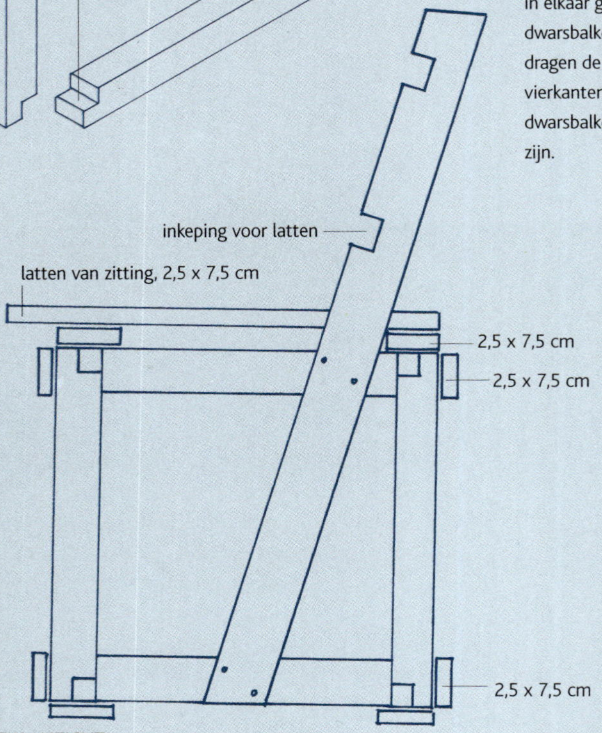

ZIJAANZICHT

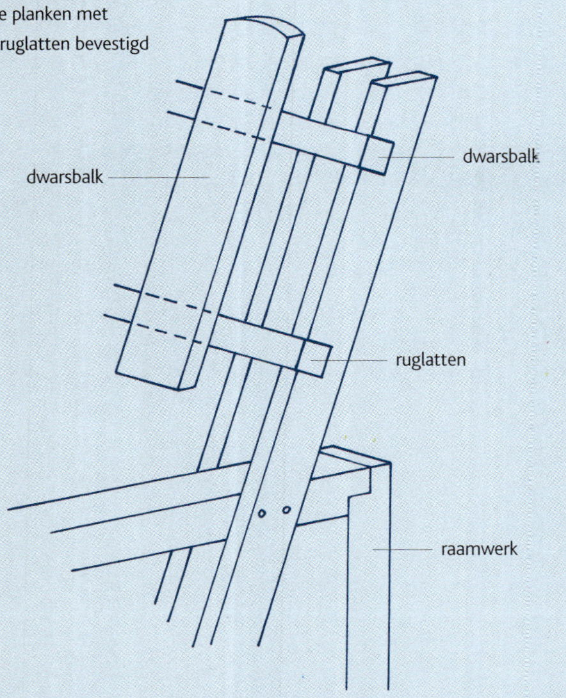

BOVENAANZICHT

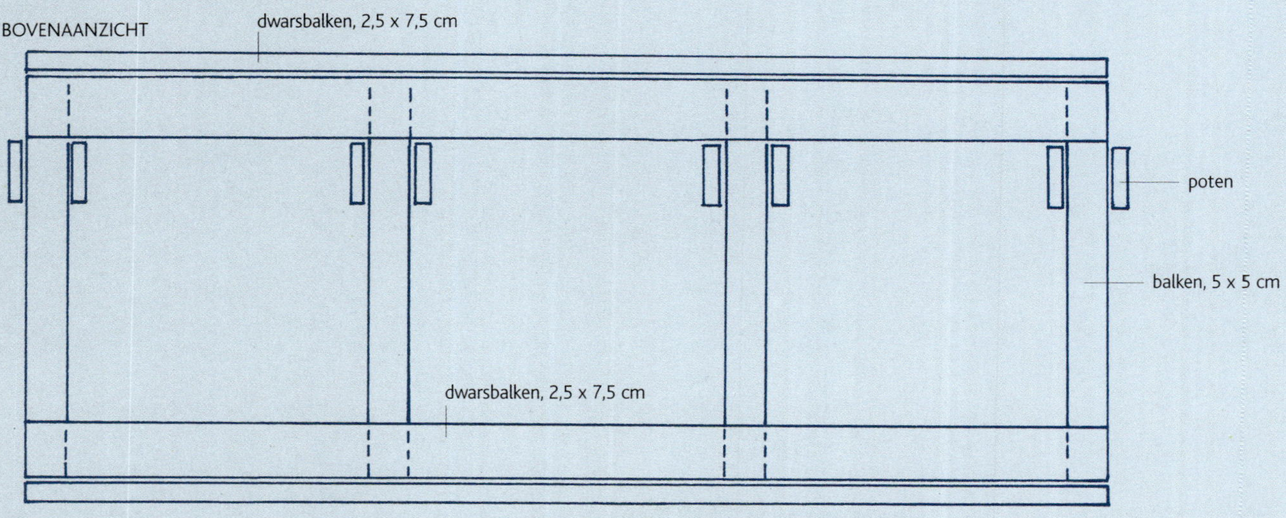

buiten zitten en koken

Het grootste deel van uw tuin zal multifunctioneel zijn, maar er moet eigenlijk altijd ruimte zijn om te eten en te ontspannen. Meubels en een barbecue nemen een groot oppervlak in beslag en trekken vaak veel aandacht. De kook- en eethoek moet zo mogelijk niet kleiner zijn dan 16 vierkante meter, wat neerkomt op de afmetingen van een gemiddelde eetkamer. Door meubels in te bouwen kunt u ruimte uitsparen. Het voordeel van losse meubels is echter dat ze uit en in de zon geschoven kunnen worden. Stoelen moeten met zorg gekozen worden. Probeer ze altijd uit voor u ze koopt; elegante stoeltjes zijn nogal eens oncomfortabel. Fabrikanten beginnen enig idee te krijgen van het belang van een goede houding, maar dat wil niet zeggen dat ze er ook rekening mee houden. De ergste exemplaren zijn die namaak smeedijzeren stoelen die wiebelen en waar nog nooit een ergonoom naar gekeken heeft. De bloemenstructuur blijft nog een halve dag op uw zitvlak staan.

Afhankelijk van waar u woont kan een terrasoverkapping of pergola nuttig zijn tegen zon en regen. In warme landen is de verande populair. Het is een van de weldadigste uitvindingen die ooit is gedaan. Een veranda is tevens een geweldig middel om binnen en buiten met elkaar te verbinden. Zonneschermen zijn handig omdat ze omhoog gehaald kunnen worden. Grote parasols zijn op dit moment in, maar zelf weet ik nooit waar ik die kwijt moet als ze ingeklapt zijn.

Al sinds de Oudheid is vuur het middelpunt van een kampement. De barbecue is een goede opvolger van het open vuur. Ingebouwde en losse barbecues hebben beide voordelen en nadelen. Het belang-

links Deze elegante bank is niet te maken door een hobbyist, maar hij is absoluut een blikvanger en biedt plaats aan veel mensen. De boom werpt schaduw op de bank; heel aangenaam als het warm is.

rechts Hier hebt u zeker voldoende ruimte om te koken. De barbecue past precies in de uitsparing en de pergola zorgt voor schaduw. Bergruimte is heel praktisch, u kunt er zowel houtblokken als gasflessen kwijt.

rechthoekige boombank

Voor mij moeten tuinmeubels praktisch en eenvoudig zijn. Een rechthoekig plateau om een boom heen kan dienen als bank, tafel of speeloppervlak. Ik houd van rechthoeken omdat ze zo ongecompliceerd zijn en bovendien gemakkelijk te maken. Voor een dergelijk plateau gebruik ik alleen timmerhout.

De poten staan in betonnen paalhouders of op een fundament van stenen die waterpas liggen. Kruisbalken houden alles bij elkaar en dragen de planken van de bovenkant. De zijplanken zijn eenvoudig te bevestigen. Ik gebruik liever koperen schroeven dan spijkers, omdat ze langer meegaan.

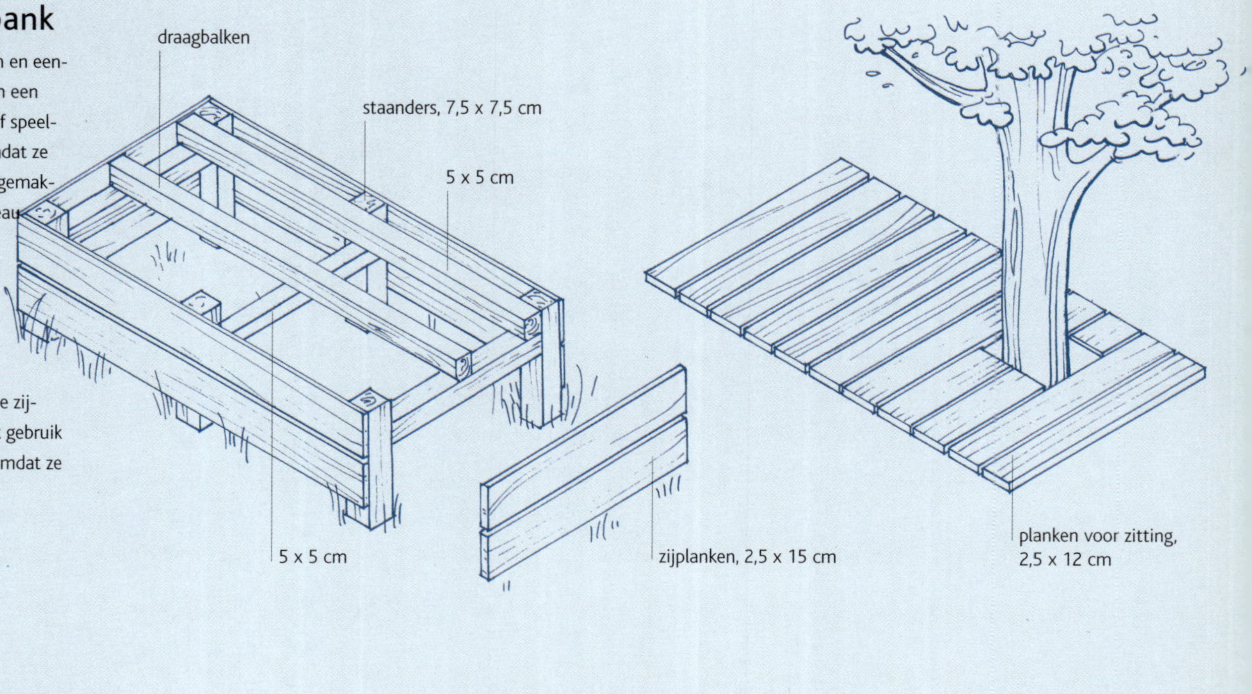

de barbecue

Dit is de door mij ontworpen barbecue. Ik heb hem al voor tientallen opdrachtgevers gemaakt. Baksteen is een sterk en veelzijdig materiaal. Het ontwerp is eenvoudig en aan te passen aan vrijwel elke situatie. Onder het rooster en de houtskoollade kunnen metalen strips bevestigd worden. Een gunstige plek voor een dergelijke barbecue is tegen een muur. Een werkblad is essentieel en kan meteen dienen als bovenkant van de kastjes. Een ingebouwd bankje maakt het geheel af.

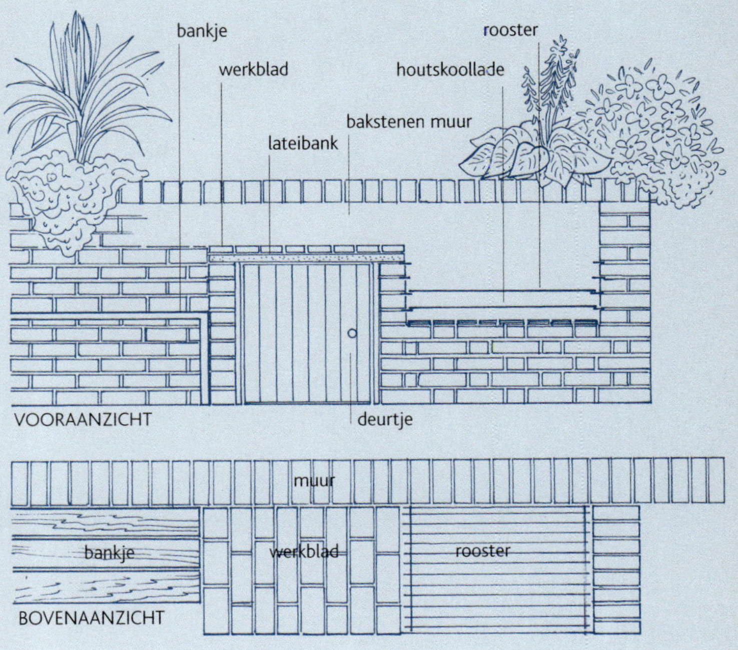

rijkste is dat het rooster genoeg ruimte biedt voor een redelijke portie voedsel. Als u kiest voor een ingebouwde barbecue, moet u er vooral op letten dat u hem niet vlak bij een raam of deur plaatst. De beste plek is tegen een muur. De barbecues die ik ontwerp hebben een rooster, een werkblad eraan vast en een ingebouwd bankje ernaast. Het geheel past in de rechte hoek tussen twee muren. Onder het blad zit een kastje voor kookgerei. Dit is trouwens ook een handige plaats om speelgoed op te bergen wanneer u de barbecue niet gebruikt. De meeste tuinen hebben weinig bergruimte. Om ruimte te besparen kunt u kiezen voor stoelen die in opgeklapte vorm aan de muur gehangen kunnen worden.

In de winter ziet een ingebouwde barbeceu er soms treurig uit. U kunt het rooster eruit nemen en er een op maat gemaakte bak met winterharde planten in zetten. Een paar potplanten geven het geheel een vrolijker aanzicht.

verhoogde elementen

Verhoogde delen als plantenbakken en waterbassins kunnen ook dienen als zitplaats. De ideale hoogte is 45 cm. De afwerking is belangrijk: een enkele rij bakstenen aan de bovenkant voldoet maar zit niet zo lekker. Een dubbele rij met een afgeronde hoek aan de voorkant is comfortabeler. Een bovenkant van natuursteen of gladde tegels is een goed alternatief. Kussens nemen de kou weg en geven kleur aan het geheel.

Planken zijn ideaal om ingebouwde meubels mee te maken. In een kleine tuin met een steile helling kan het hoogste deel van de veranda als zitplaats dienen. Bankjes om bomen en struiken heen zijn leuk. U kunt dure ronde of zeskantige bankjes kopen, maar u kunt ze ook zelf maken. In een kleine rechthoekige tuin ogen ze echter niet goed. Een rechthoekige bank die ook als tafel gebruikt kan worden is niet moeilijk te maken. Van planken kunt u ook vondels en waterbassins bouwen.

links De Egyptenaren, Romeinen en Moren groeven al kanaaltjes in hun tuin. Een kanaaltje kan ook verhoogd worden, zoals op deze foto, of schuin aflopen.

verschillende niveaus

Verhoogde bloembedden zijn niet alleen beter voor uw rug, ze zorgen er ook voor dat jonge planten beter te zien zijn. Hier ziet u een 60 centimeter hoge, eenvoudige constructie; betonblokken op een solide fundament. De betonblokken kunnen bestreken worden met cement. Afwatering is essentieel; maak onder in het bloembed afvoerbuisjes.

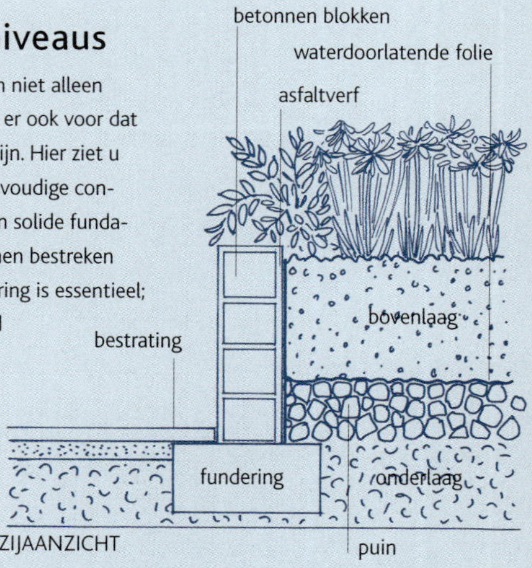

vondels

Deze brug is eenvoudig en heel gemakkelijk te maken. De twee draagbalken kunnen bij de houthandel in de gewenste vorm gezaagd worden. Door de gebogen vorm staat het vondel rond. Let er op dat de fundering aan beide kanten even hoog is. De planken zijn op de draagbalken geschroefd.

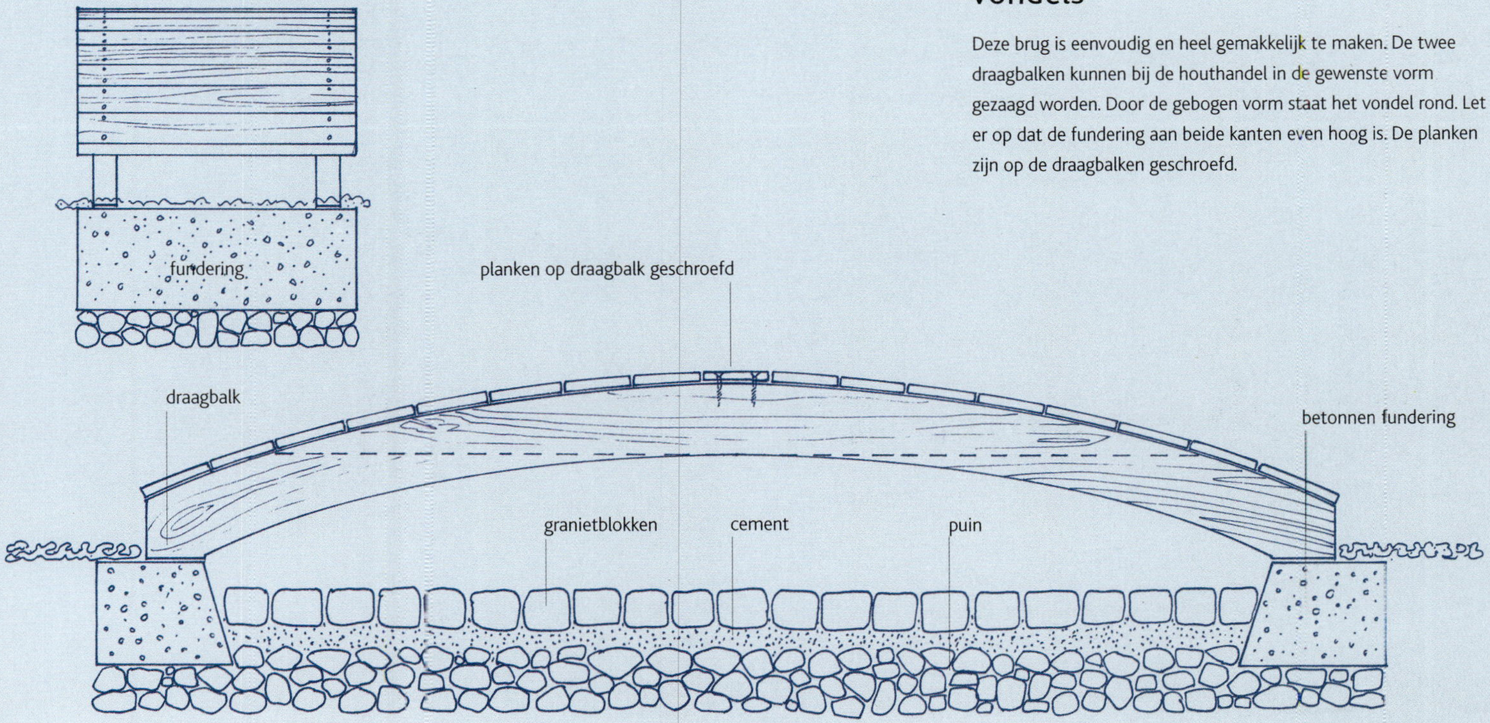

waterpartijen

Van alle elementen in een tuin is water misschien het meest betoverend. Het kan beweeglijk of juist stilstaand zijn, stoer of subtiel. Het geluid is aangenaam en er kunnen vissen en planten in leven. Meestal is het de blikvanger van de tuin, of het nu een traditionele vijver of een modern bassin is. Waarschijnlijk wilt u niet dat een waterpartij veel ruimte in beslag neemt omdat de meeste achtertuinen niet zo groot zijn. De plek ervan moet vanaf het eerste begin in het tuinontwerp worden opgenomen.

waterbassins en vijvers

Eigenaars van een kleine tuin hebben meestal liever een klein waterobject dan een vijver, maar ik heb grote waterbassins gezien die prachtig stonden in een kleine tuin. Het hangt er maar net vanaf wat u wilt met de gegeven ruimte en in hoeverre u bereid bent vloeroppervlak op te offeren voor een waterpartij. Spiegelend water geeft een extra dimensie aan uw tuin en het maakt een tuin lichter door de reflectie. Water werpt sierlijk rimpelende schaduwen op nabije muren en biedt plaats aan bijzondere planten en de mooiste waterlelies.

Een bassin kan spiegelglad en sereen of wild en vol leven door het geklater van een fontein. Er is niets anders in een tuin dat een zo veelzijdig karakter heeft. Gedurende de dag en over de seizoenen heen biedt een vijver of bassin een andere aanblik. Mocht er niveauverschil in uw tuin zijn dan kan het water van een hoger gelegen naar een lager bassin in het andere stromen. Wat ook mogelijk is, is een waterspuwer die water vanuit de muur in een bassin spuit. U kunt alle kanten op met de vorm van een bassin; van cirkelvormig en rechthoekig tot een ingewikkeld geometrisch model. Houd wel het verband met de rest van de tuin in de gaten.

Er is een aantal praktische zaken betreffende waterpartijen. Een vijver of bassin moet open ruimte hebben en ver van overhangende takken verwijderd zijn; pompen en filters raken verstopt door blade-

rechts Dit is een goed ontwerp; eenvoudig en strak. Het contrasteert met het onherbergzame landschap, maar het water reflecteert het prachtige gebergte tegelijkertijd. De minimale beplanting is voldoende en respecteert de directe omgeving.

watervalletjes

Een waterobject als dit mag er ingewikkeld uitzien, het is werkelijk makkelijk te maken. Het effect is verrassend; water dat uit een urn in de vijver stroomt. Een tweede urn staat op het droge, tussen de planten.

Verzeker u ervan dat de potten vorstbestendig zijn, zeker met zoveel water in de buurt. Het belangrijkste is de ondergedompelde pomp. De urn ligt op stenen of betonnen blokken; de waterslang gaat door het gat in de bodem van de vaas. Knopje om en het water stroomt!

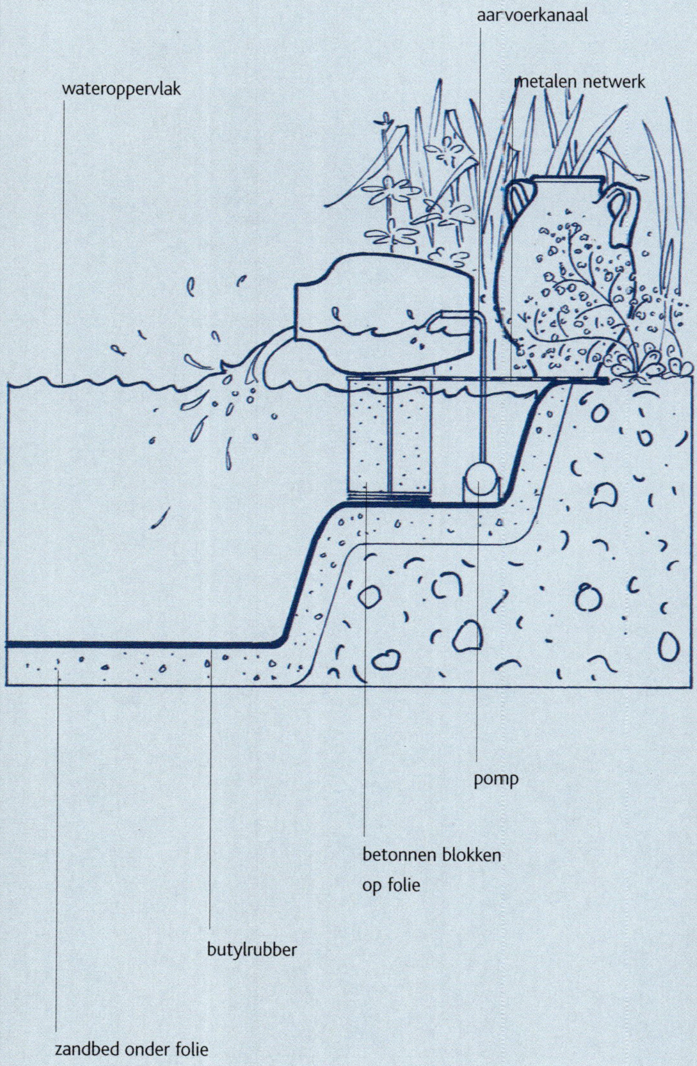

ren. Mocht u een vijver willen hebben maar staat uw tuin vol bomen, span dan een net over het water dat de bladeren op kan vangen.

Een normale tuinvijver mag niet meer dan 60 centimeter diep zijn – 40 centimeter is doorgaans diep genoeg. Er zijn allerlei manieren om een bassin te maken, kijk maar in een gespecialiseerd boek over watertuinen. In een kleine tuin is een plastic vijverbak handig. Ze bestaan in alle mogelijke maten en vormen. Vanzelfsprekend zijn grotere vijvers geschikter als u vissen wilt houden. Een grotere vijver biedt over het algemeen ook een beter leefklimaat. Zelf gegraven vijvers worden gewoonlijk met butylrubber of gelaagd plastic bekleed. Beide zijn makkelijk aan te brengen en gaan lang mee; tenzij uw kinderen er met speren of tuinvorken in prikken natuurlijk. Plastic werkt het best bij een vijver met een vrije vorm. Steentjes of keien om de rand van de vijver zorgen ervoor dat het water beter bereikbaar is voor dieren.

U kunt waterbassins zo hoog maken als u maar wilt. Een bassin kan als zitplaats dienen als u het ongeveer 40 centimeter hoog maakt. Zelfs ooghoogte is mogelijk, bijvoorbeeld in combinatie met hoge bloembedden. Het is ook leuk om een waterbassin onder een laag raam te maken zodat u er het hele jaar van kunt genieten.

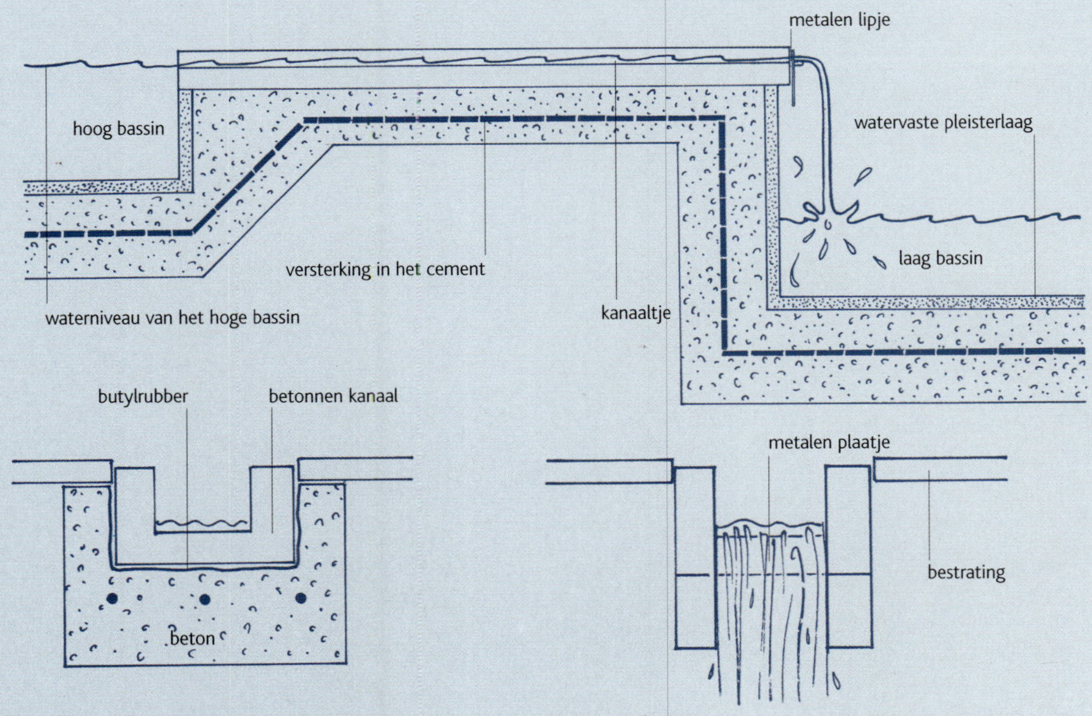

geometrisch water

Kanaaltjes zijn op een eenvoudige manier geometrisch; twee gelijke wanden met water daartussenin. Als bij alle geometrische vormen moet u nauwkeurig te werk gaan; een kanaal is in feite een architectonische riviertje.

Het water moet op een rustige manier stromen. Het water wordt meestal uit een lager gelegen bassin omhoog gepompt. In dit geval valt het water uit een ander bassin in het kanaal. Neem een pomp die afgesteld kan worden, zodat u de waterstroom kunt regelen.

Het kanaaltje kan bekleed worden met op maat gesneden vijverbekleding en vastgezet worden in cement.

eenvoudige waterspuit

Dit is net een modern kunstwerk door de vorm, de kleuren, de textuur en de planten. Het systeem is bijna gelijk aan dat van de urn op bladzijde 78; een ondergedompelde pomp haalt water uit het waterbassin. De leiding is door de muur getrokken, gaat achter de muur omhoog en komt uit op de waterspuit.

Het object moet gemaakt worden van gestapelde betonblokken die afgewerkt zijn met een watervaste pleisterlaag. De metalen versterking kan naar boven doorlopen om het geheel steviger te maken.

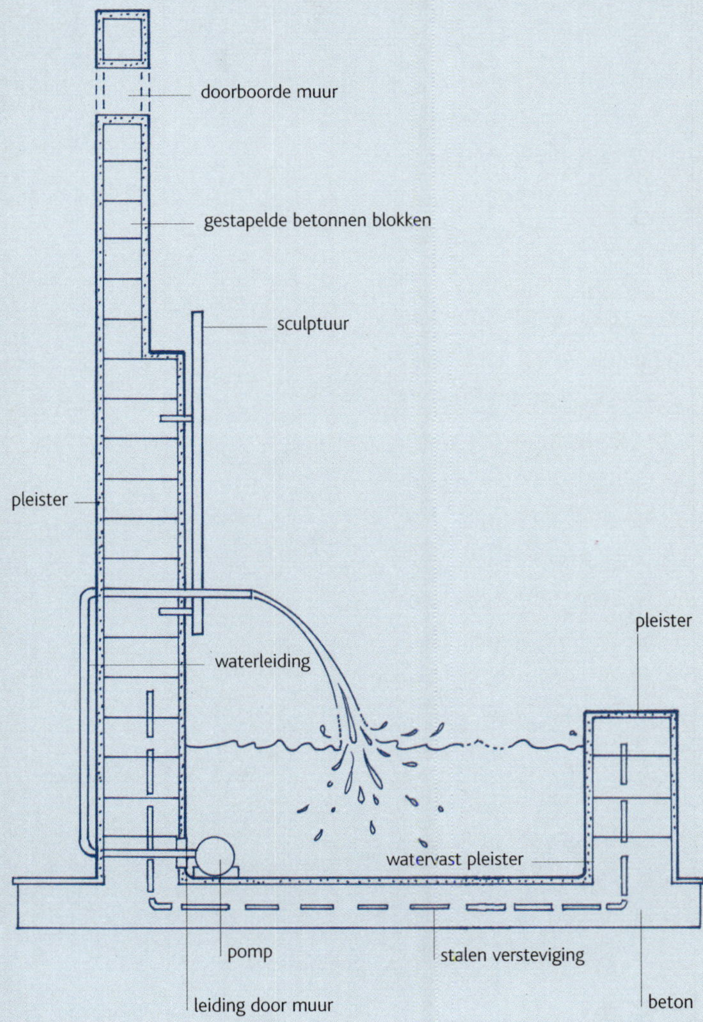

boven Ouderwetse objecten kunnen gemoderniseerd worden. Deze zinken bak met waterspuit is opnieuw vormgegeven. Het maakt iets bijzonders van een hoek die anders ongebruikt was gebleven.

water als decoratie

Een wateroppervlak heeft de voordelen van planten- en dierenleven en reflectie, maar neemt veel ruimte in beslag en kan gevaarlijk zijn voor jonge kinderen. Water voegt echter zoveel toe aan een tuin dat geprobeerd kan worden een oplossing te vinden voor het laatste. Gelukkig zijn er tegenwoordig veel waterobjecten verkrijgbaar, van klassiek tot heel modern. Ontwerpers en beeldhouwers zien steeds meer de mogelijkheden van water en maken vernieuwende toepassingen voor aan de muur. Ze ontwerpen buitengewoon creatieve dingen. Het resultaat kan een aantal kommen zijn met water dat van de ene in de andere stroomt, muren met watersleuven waar een kanaaltje doorheen stroomt, of een hele watermuur.

Wilt u verderop in de tuin iets met water doen, dan komt u uit bij wat ik 'pompen en putten' noem. Ze hebben allemaal hetzelfde principe, namelijk een watertank in de grond of een verhoogd deel met daarin een pomp. Via een buis is dit geheel verbonden aan een object waar water uit stroomt. Dit kan van alles zijn; een uitgeholde veldkei, een molensteen, een roestvrijstalen halve bol, enzovoort. Een eenvoudige kom die overstroomt waardoor rondom water langs de rand loopt kan heel elegant lijken. Dergelijke objecten staan meestal op pijlers van bakstenen of tegels die zich op hetzelfde niveau bevinden als de bodem van de tank en worden omgeven door gaas met daarop keien of kiezelstenen. Er zijn allerlei variaties mogelijk en de meeste zijn relatief niet duur en niet moeilijk te installeren. Het eenvoudigste object is water dat over stenen stroomt. Vrijwel iedereen kan iets dergelijks maken. Met planten eromheen geeft het een bijzonder effect.

Als de tank in de grond zit en moeilijk te zien is hoeveel water hij bevat, zorg er dan voor dat u een peilstokje hebt om het waterniveau te meten. Het is verbazingwekkend hoeveel water er verdampt op een warme dag. De pomp zal het begeven als er te weinig water is.

Kinderen voelen zich aangetrokken tot stromend water, maar in tegenstelling tot open water kunnen er gelukkig weinig ongelukken gebeuren met dit soort dingen, hoewel ze wel kwetsbaar zijn. Het water zal insecten en dieren aantrekken, vooral als er overhangend gebladerte in de buurt is. Voor elke tuin is er wel een passend waterobject. Ik heb in elke tuin die ik tot nu toe bezeten heb een waterpartij gehad en heb dat nooit betreurd.

boven Het is vaak het geluid dat water zo aantrekkelijk maakt in een tuin. Een zacht achtergrondgeruis is natuurlijk beter dan geklater waardoor je elkaar niet meer kunt verstaan. Dit ontwerp heeft een aangename symmetrie. Het water in deze even grote bakken valt van de ene bak in de andere.

rechts Dit is een optische illusie, een bril met water dat over de glazen lijkt te stromen. Op een ander niveau is het gewoon een slim ontwerp; de interpretatie wordt overgelaten aan de toeschouwer.

werk en spel

Een tuin moet niet alleen mooi zijn maar ook ruimte bieden aan alledaagse bezigheden. Het zal niet de eerste keer zijn dat mensen zich dit pas achteraf, na het aanleggen van de tuin, realiseren. Terwijl een mooie tuin zeker praktisch kan zijn.

Over het algemeen heeft een klein huis een kleine tuin waardoor een groot beroep op de tuin wordt gedaan voor zaken als bergruimte. Hier moet u al vanaf het begin van het ontwerpproces aan denken. Een schuurtje neemt in verhouding veel ruimte in beslag in een kleine tuin. Het is daarom belangrijk veel aandacht te besteden aan het uiterlijk en de plaats ervan.

Veel mensen hebben tegenwoordig een wasdroger, maar de was in de buitenlucht laten drogen is nog altijd frisser en bespaart natuurlijk energie. Wapperende was heeft iets speels. Ik word vrij vaak gevraagd om een plek voor de was in het ontwerp op te nemen en kies dan eigenlijk altijd voor intrekbare waslijnen. Wasmolens zijn minder geschikt voor een kleine tuin. Ze zijn bovendien een doorn in het oog.

links Ik houd van schuurtjes, maar alleen als ze netjes zijn en iets grappigs hebben. Dit is een grote schuur waarvan de buitenkant is behangen met gereedschap. Ervoor staat een handige plantenbank.

boven Dit nogal grote exemplaar heet 'Koning Willems Jachthut'. Het interieur is gemeubileerd met een bankstel en lampen en is een heus toevluchtsoord achter in de tuin.

boven De tuin waarin dit schuurtje staat is te klein om het aan het oog te onttrekken. Het is op een fraaie manier in de compositie van de tuin opgenomen.

het schuurtje

De meeste schuurtjes zijn saai en vormen een negatieve aandachtstrekker. De inhoud van een schuurtje varieert van fietsen, tuingereedschap en oud papier tot een te kleine werkbank die meestal niet gebruikt kan worden omdat er zoveel opstaat. Het is echter de buitenkant van de schuur die ertoe doet. Hier is enige creativiteit vereist. Het is vrijwel altijd mogelijk om iets van een schuurtje te maken. Maar de praktische kant mag niet over het hoofd worden gezien.

Let erop dat de ingang bereikbaar is, ook voor grasmaaiers en kruiwagens. Zet de schuur op een plek waar u anders niet veel mee kunt, bijvoorbeeld een donkere hoek, zodat u geen grondoppervlak verliest dat u voor interessantere dingen zou kunnen gebruiken.

Als u ruimte tussen de schuur en de tuinafscheiding laat, kunt u daar dingen als ladders kwijt. Nog beter is het om de ladder daar aan een haak te hangen. Opgeruimd staat netjes en op die manier kan er niemand over struikelen.

Een schuurtje kan gecamoufleerd worden door latwerk, een heg of planten. Zo kunt u de aangrenzende ruimte gebruiken zonder tegen de wand van de schuur aan te hoeven kijken. Als u een schuurtje met een luifel hebt, kunt u er een zitplaats onder maken. De schaduw schept ook andere mogelijkheden, die tot voordeel van de gehele tuin kunnen zijn.

In een kleine tuin is er weinig ruimte waardoor het moeilijk wordt het schuurtje door middel van planten te verbergen. Is dat het geval, draai de zaak dan om en gebruik uw schuur als een bijzonder element in uw tuin.

De meeste schuurtjes zijn gebouwtjes van eenvoudig timmerhout en kunnen gemakkelijk beschilderd worden. Schilder de schuur in een aparte kleur voor een verrassend effect in uw tuin. Schilder bijvoorbeeld de daklijst in een andere kleur dan de rest, koop een bijzondere deurknop of neem een glas-in-loodraam. Ook kunt u latwerk panelen op de zijkant bevestigen. Waarom saaie rechthoeken? Zaag er wolken in, verf ze wit en verf de schuurwand blauw. Hiermee zet u tevens een Engelse kunstvorm, de Folly, voort in de 21e eeuw.

Ik heb eens een prachtig schuurtje in een stadstuin gezien. Het was beschilderd en omgeven door verhoogde plantenbedden, getrimde struiken en potten. Een timmerman kan natuurlijk alles maken, zelfs een kopie van de Taj Mahal of het Paleis op de Dam. Ik zou u echter adviseren de schuur simpel te houden.

onder Geen tierlantijntjes maar een praktische schuur met robuuste wanden, een regenpijp en een overkapping. Nette bestrating en volle planten maken het plaatje af.

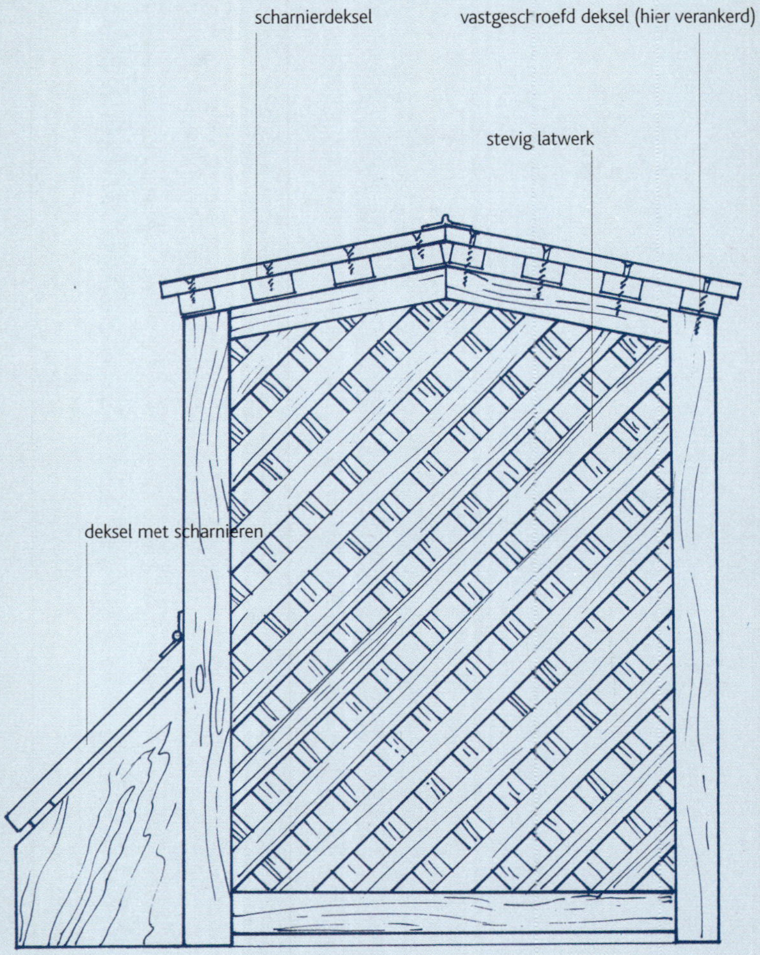

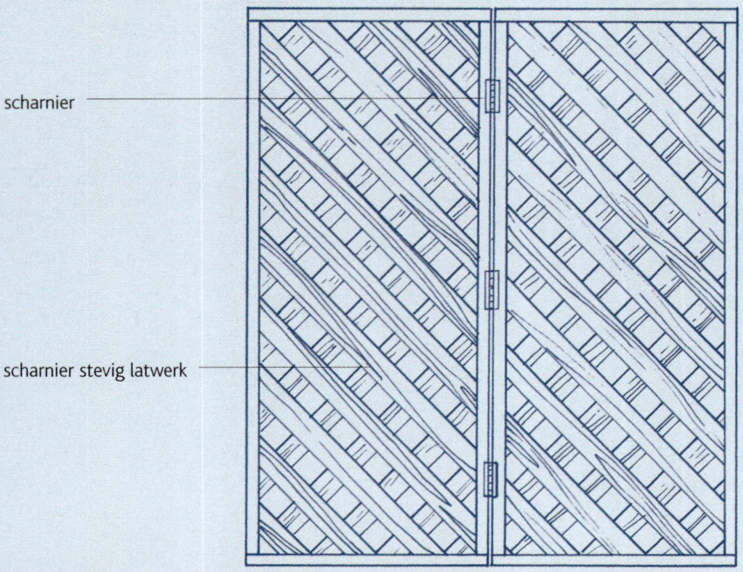

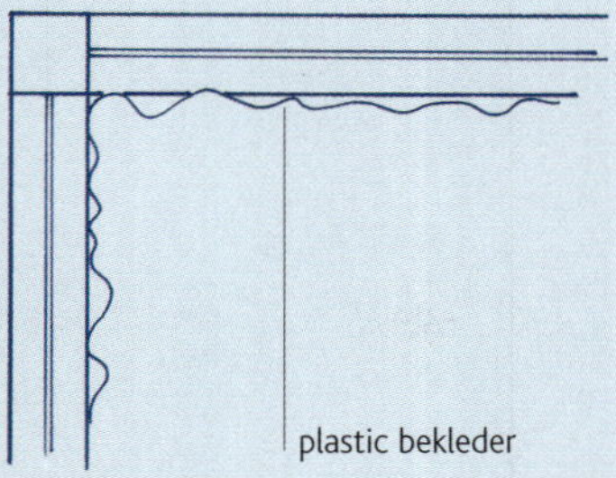

compostconstructie

Een getimmerde compostbak ziet er minstens zo mooi uit als een composthoop en is zeker zo netjes. Deze constructie heeft een raamwerk dat met zwaluwstaartverbindingen in elkaar zit, voor optimale stevigheid. De binnenkant is bekleed met plastic om het hout te beschermen. Butylrubber zou hiervoor ook geschikt zijn. De bovenkant heeft scharnieren om de bak gemakkelijk te openen. Hetzelfde geldt voor de klep aan de onderkant, om de compost eruit te halen.

rechts Het latwerk dat door tuincentra verkocht wordt is vaak gammel. Dit zelfgemaakte hekwerk is stevig en mooi om naar te kijken. Het verbergt minder aantrekkelijke dingen en omlijst een gedeelte van de tuin.

natuurlijke zaken

Er wordt vaak lacherig gedaan over composthopen, maar verrot organisch materiaal is nog altijd het beste dat u uw planten kunt geven. Een composthoop kan worden samengesteld uit keukenafval, gemaaid gras en afgevallen bladeren.

Gooi er geen gras op als u een bestrijdingsmiddel op het gazon hebt gebruikt, want dat is schadelijk. Zorg er ook voor dat hardnekkig onkruid dat in de tuin steeds weer opkomt, niet in de composthoop terechtkomt.

Een ouderwetse composthoop kan goed op zijn plaats zijn in een grote tuin, maar is natuurlijk niet praktisch in een kleine. Toch kunt u als u een kleine tuin hebt ook een composthoop houden. Gelukkig zijn er namelijk compostvaten te koop. Hieraan kunt u van boven materiaal toevoegen en na verloop van tijd aan de onderkant de compost weer eruit halen. Het verrottingsproces duurt ongeveer een jaar. Hoe langer u het materiaal laat rusten en rotten, hoe beter de compost wordt. Compostvaten uit de winkel hebben meestal een groene of zwarte kleur, maar als u die niet mooi vindt, kunt u ze natuurlijk verven.

Het is trouwens niet moeilijk om zelf een compostbak te maken van hout. Zet het vat in een donkere hoek van de tuin. Het is handig om twee compostvaten te hebben zodat het verrottingsproces meer tijd krijgt.

Een regenton is ook nuttig. Als u in een gebied met hard water woont, doet u zure planten er een groot plezier mee.

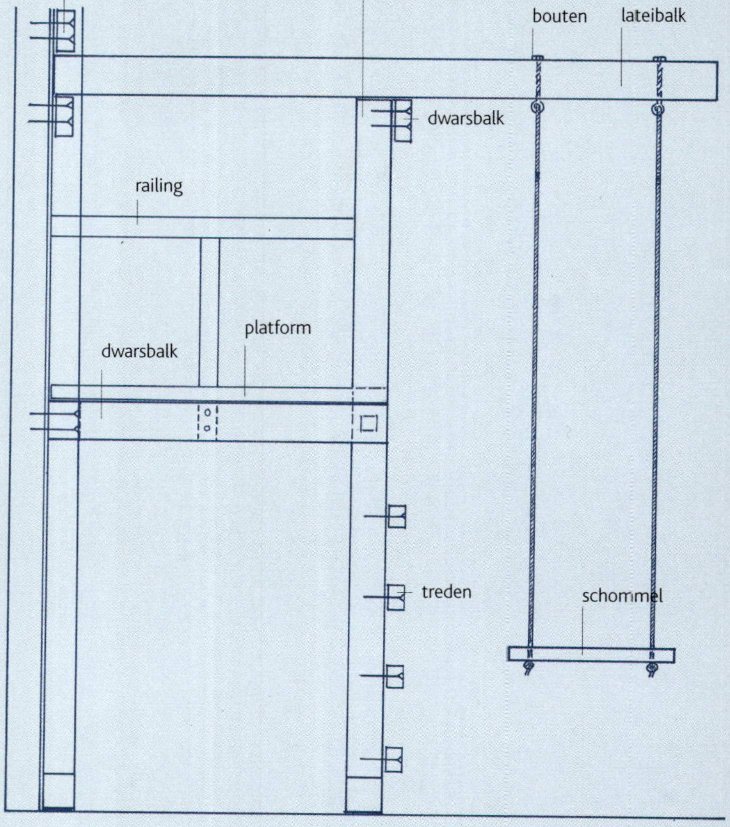

VOORAANZICHT

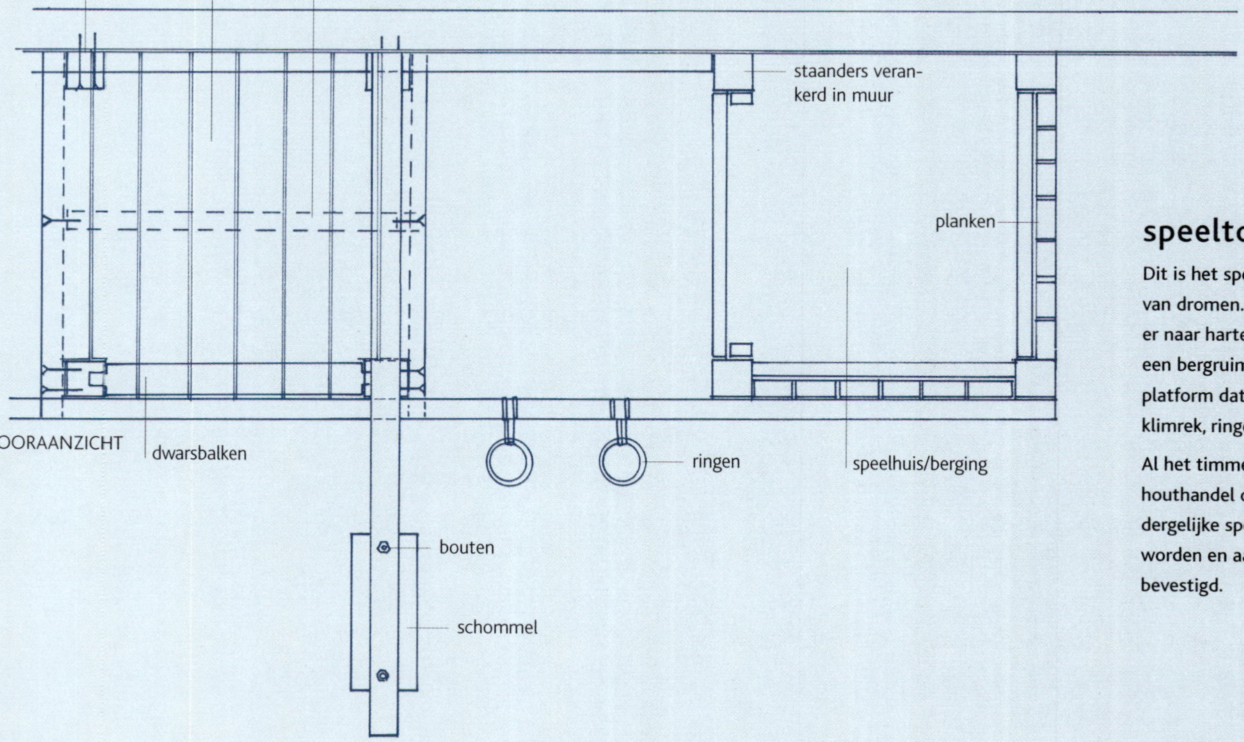

VOORAANZICHT

speeltoestel

Dit is het speeltoestel waar veel kinderen van dromen. Zowel binnen als buiten kan er naar hartelust gespeeld worden. Er is een bergruimte voor speelgoed, een platform dat op een boomhut lijkt, een klimrek, ringen en een schommel.

Al het timmerhout kunt u bij de houthandel op maat laten zagen. Een dergelijke speelhoek moet goed opgemeten worden en aan een muur worden bevestigd.

boven Kinderen zijn gek op speelhuisjes, maar het maakt hen niet uit hoe ze eruitzien. Als het dicht bij het grote-mensenhuis staat, kunt u een bijpassende stijl kiezen.

kinderplezier

De tuin is voor iedereen, inclusief kinderen van alle leeftijden. Jonge kinderen spelen heel anders dan oudere, maar het begint meestal met water en zand. U kunt voor een ingebouwde zandbak of een verplaatsbaar model kiezen. Als u een vaste zandbak neemt, kunt u die in een bestraat gedeelte bouwen; het zand kan dan gemakkelijk worden weggeveegd. Of u kunt de zandbak deel laten uitmaken van een hoek met speeltoestellen, bijvoorbeeld onder een schommel of rekstok. In beide gevallen is goede afwatering noodzakelijk. De bak kan van hout of steen gemaakt worden. Een stenen zandbak kunt u later als bloembak of waterbassin gebruiken. In de bodem boort u gaatjes. Bij een houten bak zorgt u ervoor dat er spleetjes zijn voor de afwatering. Mocht u echt alles willen doen om de zandbak droog te houden dan kunt u overwegen waterdoorlatende folie op een laag puin onder in de bak te leggen. De folie is echter niet bestand tegen de graafactiviteiten van oudere kinderen. Neem zilverzand of speciaal zandbakkenzand, geen bouwzand. Bij een losse zandbak kunt u voor afwatering zorgen door gaatjes in de bodem van de bak te maken. Nog belangrijker is een deksel, niet alleen tegen regen maar ook tegen ongenode bezoekers.

Sommige tuinen zijn te klein voor een glijbaan of schommel, maar misschien kan er ergens een schommel aan een balk gehangen worden. Trampolines zijn ook leuk, maar de hond slaapt er graag op en is er met geen mogelijkheid af te krijgen.

Als kinderen ouder worden spelen ze graag met ballen en een bestraat gedeelte is een eerste vereiste voor de olympisch kampioen in de dop. Potten, planten en ornamenten worden vanaf die tijd bedreigd dus zij kunnen beter een jaar of wat uit het zicht verdwijnen.

ingebouwde zandbak

Zand is onweerstaanbaar voor kinderen. Uit praktische overwegingen kunt u de zandbak in een bestraat gedeelte bouwen. De zandbak op deze tekening is een wastobbe met gaatjes in de bodem. Vul de bak eventueel voor een derde met puin, kiezels of steengruis en dek het af met waterdoorlatende folie. Daarop komt zandbakzand. Maak een deksel tegen de regen en de kat van de buren.

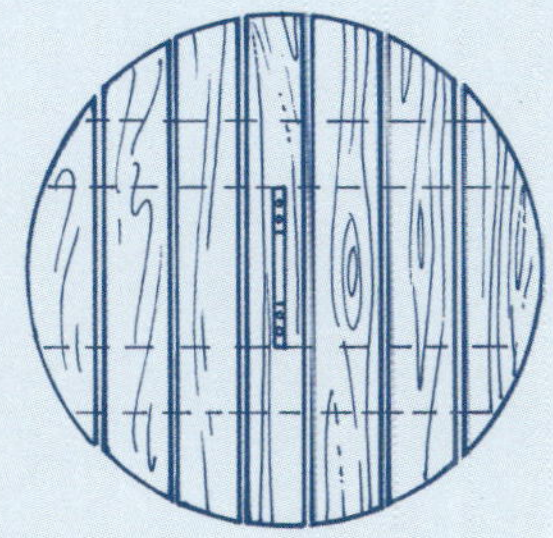

BOVENAANZICHT DEKSEL VAN PLANKEN EN HECHTLATTEN

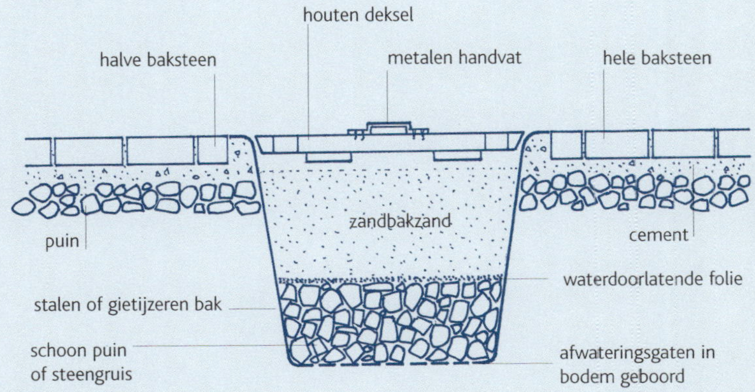

prieeltjes en bogen

links Dit is een mooi ouderwets prieeltje, begroeid met klimop en klimrozen. De stenen honden kijken een beetje minachtend ... niet iedereen mag hier zomaar gaan zitten.

rechts De weelderige beplanting op de voorgrond lokt u naar de boog, die u op zijn beurt naar het huis leidt. Klimplanten zijn heel blij met dit soort poorten.

Al in het oude Egypte en Mesopotamië werden er prieeltjes en bogen gemaakt. Ze waren niet alleen decoratief, maar ook praktisch; ze boden plaats aan wijnranken en schaduw aan mensen. Tuinen uit die tijd waren geometrisch of om een denkbeeldige as aangelegd waardoor er allerlei mogelijkheden waren voor poortjes. Een wandelpad begon en eindigde met een boog en sommige paadjes waren met bloemen en bladeren overdekt zodat ze op tunnels leken. Decoratie is nog steeds een belangrijk element in de tuin, dus waarom zouden we niet teruggrijpen op de Oudheid? Wijnranken zijn bij uitstek geschikt voor bogen, maar u kunt ook bonen over het frame leiden. Fruitbomen kunnen worden gesnoeid in de vorm van een poort. Veel mensen denken dat een tuin met een klein oppervlak niet geschikt is voor groente- en fruitbomen. Met wat fantasie kunt u echter constructies verzinnen die twee doelen dienen. Hierdoor wordt uw tuin alleen maar interessanter.

Door de jaren heen is de leefruimte van veel mensen aanzienlijk kleiner geworden. Vooral bij een kleine tuin is het belangrijk om de verhoudingen in de gaten te houden; een boog moet niet te veel nadruk krijgen. Gelukkig blijven er genoeg mogelijkheden over, een eenvoudige boog tussen twee tuingedeelten of balken die een minder leuk pad aan de zijkant van het huis overspannen, om maar wat te noemen.

Een overkapping van planten kan veel doen in een ommuurde tuin. Deprimerende hoge muren worden daarmee aan het zicht onttrokken en een stadstuin kan zo een oase in de drukte worden.

prieeltjes

Het lijdt geen twijfel dat een prieel uw leven kan veraangenamen. Een prieeltje is een prachtige blikvanger en zelfs in kleine tuinen zorgt het voor aangename beschutting. Anders dan bogen en poorten, waar u onderdoor loopt, is een prieel een statisch gegeven in de tuin, waarin u kunt zitten en wegdromen. In een ongebruikte hoek van de tuin kunt u een prieeltje bouwen dat daar precies in past.

Het inrichten van een patio komt neer op het creëren van privacy. Een prieeltje biedt beschutting en leidt de aandacht van de ommuring af. Er zijn allerlei gammele constructies te koop die waarschijnlijk niet uw smaak zijn of niet bij uw ontwerp passen. Het is niet moeilijk zelf iets te maken. De klimplanten bepalen uiteindelijk het resultaat; het

rechts Tuingedeelten vlak bij het huis kunnen soms saai zijn. Een paar poorten die dwars op de muur staan versterken het perspectief. Tussen de poorten is een zinken waterbak met een waterspuit geplaatst.

links Dit is een visueel feest van potten, urnen, gesnoeide struiken en mooie planten, omlijst door een prieeltje Hier bent u binnen noch buiten: de perfecte invulling van een perfecte binnenplaats.

eigenlijke prieel kunt u heel eenvoudig houden. Een houten frame met latwerk aan de zijkanten en een ingebouwde stoel of bank zijn al voldoende. Alle materialen zullen verkrijgbaar zijn bij de plaatselijke bouwmarkt. Als u de houtkleur niet mooi vindt, kunt u het in een kleur schilderen die bij de rest van de tuin past.

Openbare tuinen hebben vaak priëlen in oude stijl. Ga erheen om inspiratie op te doen en vergeet niet een fototoestel of schetsblok mee te nemen. Oude boeken kunnen ook veel ideeën opleveren. Vooral die met afbeeldingen van tuinen uit het begin van de 20e eeuw. Zorg ervoor dat u goed timmerhout aanschaft, want dan hebt u langer plezier van uw werk.

Een bezoekje aan een tuinshow laat u zien wat moderne ontwerpers doen met een prieel. Een stalen frame met een metalen netwerk mag avantgardistisch klinken, maar in een moderne tuin kan het goed staan, vooral wanneer er klimplanten langs groeien.

Een andere mogelijkheid voor een beschutte plek is gekleurd zeil, dat u tussen stangen spant. Het voordeel hiervan is dat het verplaatst kan worden en dat u het kunt oprollen en opbergen. Stangen en plastic rotten niet en dit is dus een praktische oplossing met een semi-permanente constructie. U kunt meerdere kleuren zeil kopen zodat u kunt afwisselen.

romantische overkapping

Deze foto laat de meest romantische tuin zien die ik ken. De eigenaar is een vriend van me die groene vingers heeft. Dit is geen tuin waar u snel doorheen loopt; u moet hier en daar blijven staan om uw weg te vinden.

Achter in de tuin staat een prachtige poort die uit drie delen bestaat en naar een verborgen varenbed loopt. Een dergelijke constructie kunt u het best maken van watervast multiplex. U kunt de vorm uitzagen met een elektrische figuurzaag. De bogen worden verbonden door simpele koppelstukken die met stalen stoelhoeken aan de stijl vastzitten.

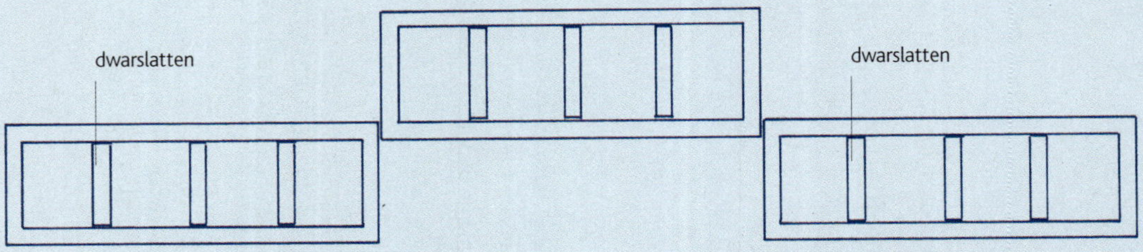

BOVENAANZICHT (niet op schaal)

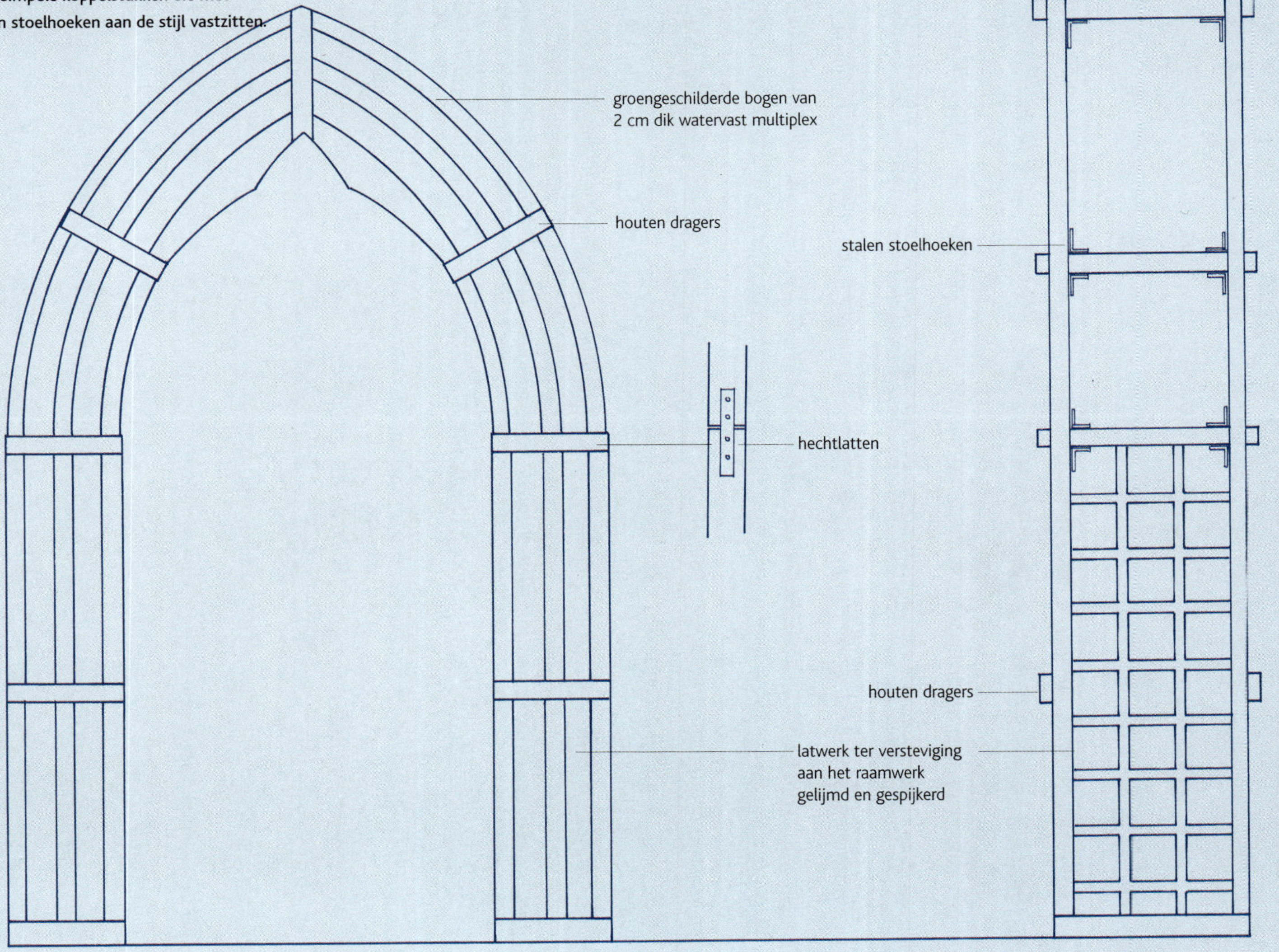

VOORAANZICHT

ZIJAANZ CHT

links Dit is het uitzicht van achter de boog die links getekend staat. Dit is het uitzicht in de richting van het huis. Het laat zien hoe belangrijk het is dat het uitzicht naar twee kanten goed is.

onder Dit prieeltje is begroeid met roze rozen. Een dichte begroeiing zorgt voor donkerder, koelere schaduw waarin een lichtgekleurd beeld mooi uitkomt.

poorten en tunnels

Poorten en tunnels nodigen u als het ware uit eronderdoor te lopen. Ze geven u het gevoel dat de ruimte samengedrukt wordt en zorgen voor visuele spanning. Als u uw tuin wilt opdelen door middel van afscheidingen of planten kunt u een poortje tussen de twee delen maken. U kunt hiervoor muren, latwerk of planten gebruiken. Het poortje overbrugt het gat en trekt u er onwillekeurig naartoe. Houd ook hier het ontwerp eenvoudig; de planten moeten het belangrijkst zijn. Geurende planten kunnen veel toevoegen aan een poort. In een tuin moeten alle zintuigen aan het werk gezet worden. Als u langzamer gaat lopen om onder het poortje door te gaan neemt u de geur beter in u op. Dat is nog meer het geval als u in de poort een hekje maakt. Het is een fantastisch middel om het nieuwe gedeelte te benadrukken. De tijd die het kost om het hekje open te maken zorgt voor een onderbreking tussen de twee ruimten. Het pluspunt van hekjes is bovendien dat ze kinderen en honden tegenhouden.

Terwijl poorten een bepaald punt overspannen, bedekken tunnels een heel pad. Ze zijn verbindingselementen; ze leiden u van de ene plek naar de andere en maken uw route mysterieus en verrassend. Ze

links Dit grote prieel, tevens getekend op de volgende bladzijde, verandert uw tuin in een echte buitenkamer. Het maakt gebruik van de hemelsblauw geschilderde buitenmuur van het huis.

onder Door de vele planten en het gebladerte boven uw hoofd krijgt u hier het gevoel of u in een jungle beland bent.

moeten wel naar iets moois leiden, niet naar de composthoop of de schuur. Toch gebeurt dat vaak. Wat een anticlimax! Een tunnel kan naar een ander tuingedeelte lopen of de aandacht vestigen op een zithoek of een standbeeld. Hij kan zelfs naar een prieeltje leiden. Voor klimplanten is een tunnel een waar paradijs. Ze groeien veel beter in een open gedeelte, ver van muren en dakgoten die de regen tegenhouden. Houd uw tunnel eenvoudig en kom niet in de verleiding er hangpotten in te hangen; die verstoren het beeld. Tunnels doen het goed in kleine geometrische tuinen waar ze naar of langs een middellijn kunnen lopen. Er zou een onderbreking in de tunnel kunnen komen op een plek met uitzicht op een kruising van twee lijnen, die de aandacht vervolgens op een zonnewijzer of standbeeld richt. Een tunnel is ook een prima middel om nieuwsgierige blikken van buren buiten te houden.

De laatste modegril, gevoed door televisieprogramma's, is priëlen en poorten in een kleur schilderen. Dit kan misschien passen in een moderne tuin maar meestal verveelt een ongebruikelijke, opvallende kleur snel. Bovendien is het noodzakelijk een felle kleur vaak over te schilderen om het effect te behouden. U kunt het frame beter middenbruin beitsen met een niet-giftige beits. Planten komen veel mooier uit op een neutrale achtergrond. In een stadstuin kan een wit frame eventueel ook. Wit weerkaatst het licht en maakt een donkere tuin lichter.

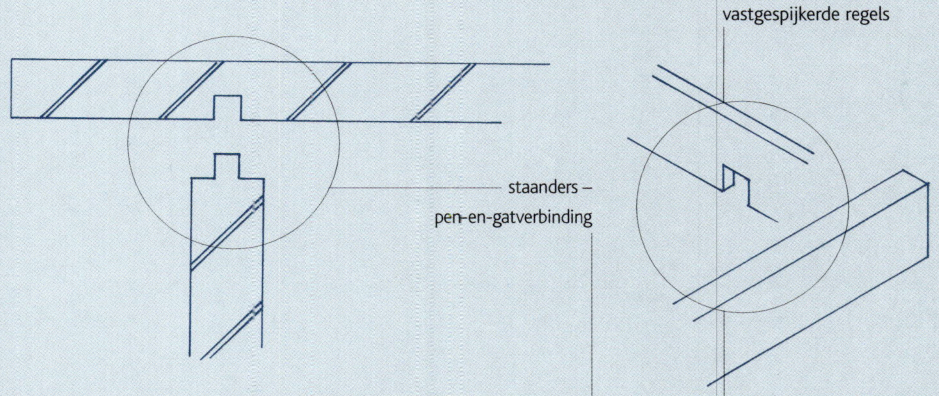

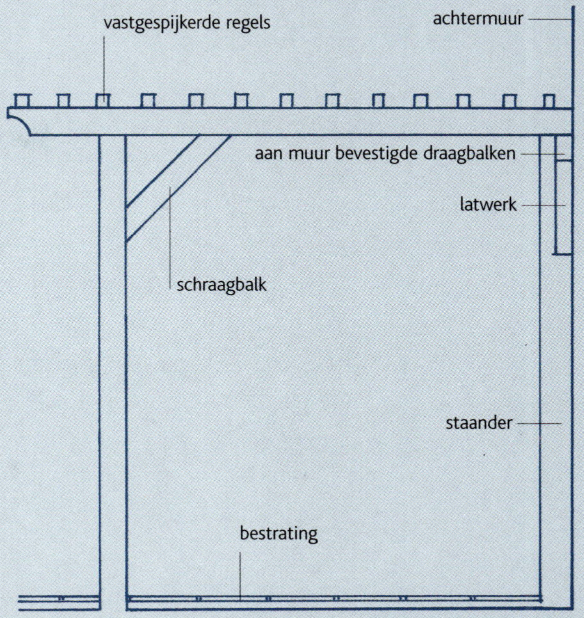

ZIJAANZICHT

een tuinkamer

Deze stevige overkapping vormt een heuse woonkamer in de kleine maar doordacht ontworpen tuin van de vorige bladzijde. De constructie is niet moeilijk. Stevige staanders in betonnen paalhouders dragen een dwarsbalk met inkepingen. Daarop zijn balken bevestigd die op hun beurt regels dragen. Aan de achterkant zijn de balken bevestigd aan een draagbalk die aan de muur geschroefd is. Onder die draagbalk zit latwerk. Schraagbalken verstevigen de constructie.

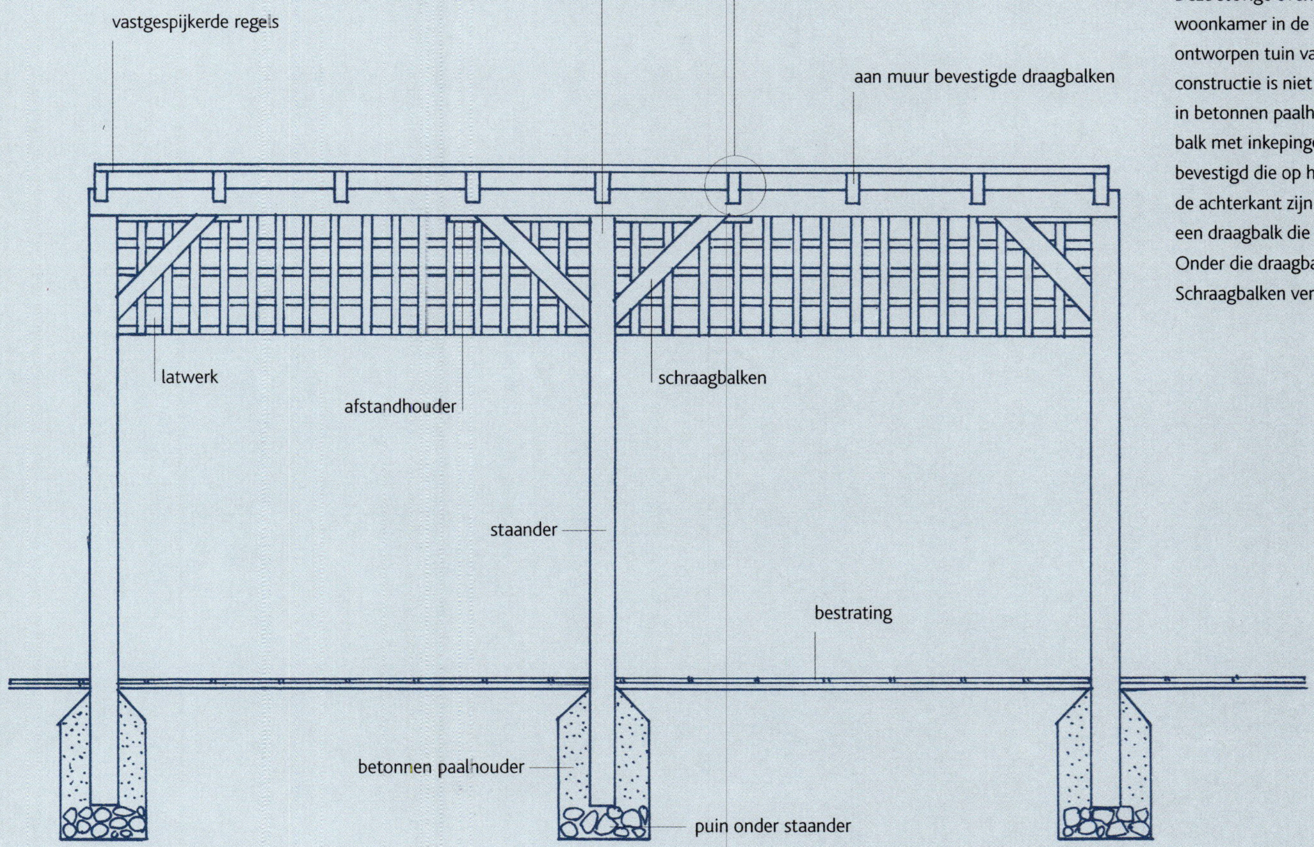

VOORAANZICHT

ornamenten

Het gebeurt maar zelden dat ik ornamenten voor opdrachtgevers kies; niet omdat ik hun smaak niet aanvoel maar omdat ze dat zelf graag doen. Wat natuurlijk niet wil zeggen dat ik tijdens het ontwerpproces niet over dat soort details nadenk. Hier een paar potten of daar iets speciaals – het is aan de klant om uit te kiezen wat er precies past. Dergelijke details zijn heel persoonlijk. Het kiezen van ornamenten is een van de leukste fases in het ontwerproces.

Elk ornament, of het nu een klassiek beeld is, een stenen hond, terracottapot of stuk wrakhout, kan een plek krijgen in de tuin. Het kan zijn dat u op zoek gaat naar een speciaal object voor een lege plek, of omgekeerd, dat u iets tegenkomt waar u een plek voor moet zoeken. Laat u niet ontmoedigen door een zogenaamde kenner die u vertelt dat u geen kitsch in de tuin moet zetten. Als u een mannetje met een rode puntmuts en een kruiwagentje of zijn collega met een vishengeltje in uw tuin wilt, dan zet u er gewoon een neer. Hoewel tuinkabouters niet helemaal bij mijn smaak passen, wil ik hiermee duidelijk maken dat het juist de inrichting van een tuin of huis is die het geheel karakter geeft en dat u vooral moet doen wat u zelf leuk vindt.

rechts Een verzameling planten en ornamenten voegt een persoonlijke noot toe aan uw tuin. U kunt de compositie telkens veranderen.

onder Een verzameling als deze kan door de jaren heen opgebouwd worden. Het wordt een sport om telkens een nieuw object te vinden.

boven Deze tuin ademt een surrealistische sfeer. Als Salvador Dalí tuinarchitect geweest was, had hij misschien zoiets ontworpen.

Tot nu toe ben ik vrij specifiek geweest over hoe u een bepaald thema of stijl kunt nemen. Het kiezen van ornamenten staat daarbuiten. Een modern kunstwerk kan goed staan in een klassieke tuin en een verweerd standbeeld kan een moderne tuin iets speciaals geven. Met andere woorden: bijna alles is mogelijk als het aankomt op het decoreren van de tuin. Het komt erop neer dat alles wat goed lijkt goed is. Soms staan dingen die op zichzelf mooi zijn niet goed op een bepaalde plek; laat uw kunstenaarsoog het beoordelen.

In een kleine tuin moet u extra voorzichtig zijn met een sterk aandachtspunt. Eén blikvanger is doorgaans genoeg. Het leidt het oog een bepaalde kant op en de plek moet dus goed zijn. Natuurlijk is het ook mogelijk om meerdere opvallende dingen te nemen. Elk object trekt de aandacht dan naar een bepaald gedeelte van de tuin. De afzonderlijke elementen mogen in zo' n geval niet dominerend zijn.

Er is onderscheid tussen klassieke en vrije tuinobjecten. Klassieke voorwerpen zijn in evenwicht,

rechts Cirkels in muren kunnen veel dingen suggeren en trekken de blik van de toeschouwer altijd naar zich toe. Ze kunnen ook een schildering, ornament, of waterspuit omlijsten. Als ze door de muur heen gaan, worden het kijkgaten naar de wereld erachter.

ze zijn regelmatig van vorm. Het is mooi om twee dezelfde objecten symmetrisch neer te zetten, op zichzelf of aan weerszijden van iets anders. Zet bijvoorbeeld standbeelden naast een deur, potten aan beide zijden van een pad of naast een obelisk die de kijkrichting bepaalt. Asymmetrie werkt anders; een enkel object of een paar objecten bij elkaar zijn in balans met iets wat verderop in de tuin staat. Oneven aantallen of verschillende afmetingen zijn geen bezwaar.

Ornamenten kunnen een tuin helemaal veranderen alleen door ze op een andere plek te zetten. U moet veranderingen wel goed overwegen. Als u een blikvanger verhuist kan een tuin enorm veranderen. Bloempotten voegen veel kleur toe en u kunt ze om de zoveel tijd verwisselen. Potten zijn natuurlijk geschikt voor verschilende soorten planten: bollen in het voorjaar, eenjarige planten in de zomer en winterharde planten in het najaar en de winter.

boven Dit is een dynamische tuin vol zorgvuldig gekozen ornamenten. De grootste blikvanger is de urn die benadrukt wordt door het open hek en de spiraalvormige struiken.

gevonden voorwerpen

Ik druk graag het een en ander achterover. Geen eigendommen van anderen, begrijp me niet verkeerd, maar vuilnis en dingen zonder waarde. Mijn tuin staat er vol mee, wat niet inhoudt dat het er een zootje is. Het is juist een tot in de puntjes ontworpen tuin. Voor mij spreken 'gevonden voorwerpen' gewoon meer tot de verbeelding dan dingen die je bij een tuincentrum koopt. Ze zijn vooral uniek. Zo heb ik een oude ijzeren boiler waar een hosta in staat, een knoestige tak van een eikenboom en een prachtige slijpsteen waar ik volgend jaar Oost-Indische kers in wil planten. De slijpsteen heeft bijna niets gekost en de andere dingen waren gratis. De tak heeft al op verschillende plekken gelegen.

Houd uw ogen open, u weet nooit wat u tegenkomt. Een grote kei voor op de rand van een bloembed; blauwe flessen die op stokken tussen de bloemen kunnen staan; een stuk van een oude machine waar klimop overheen kan groeien. Heb oog voor de schoonheid van gewone dingen!

links Deze compositie overschrijdt de grensen van verschillende disciplines. Is dit een tuindecoratie, ruimtelijke vormgeving of een gebruiksvoorwerp? Het maakt niet zoveel uit wat u erin ziet; origineel is het zeker.

rechts Een oude melkbus, de schoorsteen van een stoomtrein of een zinken buis? De afkomst is ook hier niet van belang: dit is een unieke plantenbak, die staat in elke tuin!

spelen met licht

Er was een tijd dat tuinverlichting bestond uit een enkele schijnwerper of veel weg had van kermisverlichting. Gelukkig is dat veranderd; buitenlampen worden tegenwoordig door designers ontworpen en maken deel uit van het totale ontwerp. Verlichting is onder te verdelen in twee categorieën: praktische en decoratieve lampen. In een kleine tuin moeten deze twee gecombineerd worden, op een manier dat het eindresultaat niet opzichtig wordt.

De enige kleuren voor licht die mooi staan in een tuin zijn wit en blauw. Rood, oranje en groen zijn schreeuwerig en veranderen uw tuin in een spookbos. Nog erger zijn ronddraaiende veelkleurige lampen in de vijver; het enige wat ze uitlokken is migraine. Eenvoud doet wonderen.

Laten we de praktische kant eerst bekijken. Het is de bedoeling dat u in het donker de weg kunt vinden in de tuin, dat het terras gezellig verlicht wordt en dat afstapjes goed te zien zijn. Zachte verlichting is het mooist; zoeklichten zijn niet bepaald sfeervol. Plaats de lampen waar ze de meeste indruk maken. Kleine lampjes naast traptreden zijn beter dan een schijnwerper die op uw hoofd schijnt. In dit geval zijn kwaliteit en plaats belangrijker dan het ontwerp.

links Waarom zou verlichting niet mooi én functioneel kunnen zijn? Deze mooi in de muur verwerkte lampen verlevendigen en verlichten de trap. Verderop in de tuin hangen lantaarns.

rechts Ook bij verlichting is eenvoud een sleutelwoord. Als de lampen gezien worden, is het zaak dat ze bij de rest van de tuin passen. Deze lamp heeft niets pretentieus; hij geeft licht en doet dat op een mooie manier.

uiterst rechts Verlichting hoeft niet per se permanent te zijn. Deze lampen kunnen aan een boom of pergola gehangen worden voor een sprookjesachtig effect.

dramatisch licht

Voor een dramatische verlichting kunt u spots of schijnwerpers nemen. Spots geven een felle, smalle luchtbundel. Schijnwerpers geven zachter licht maar hebben een bredere straal.

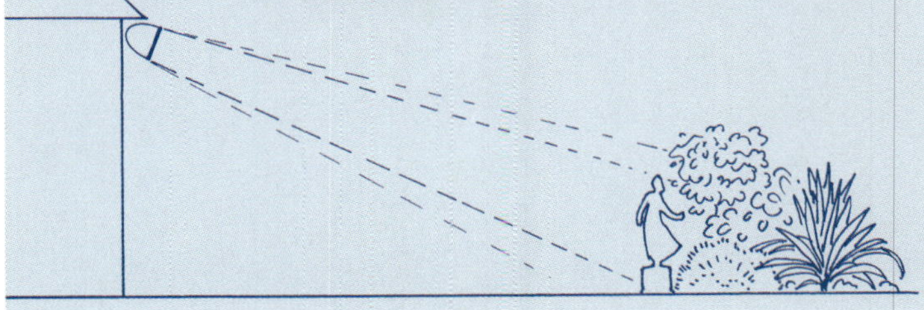

strijklicht

Gebouwen, bomen, grote planten en standbeelden kunnen van onderaf verlicht worden, zodat de textuur van het oppervlak zichtbaar wordt. Gebruik deze techniek met mate.

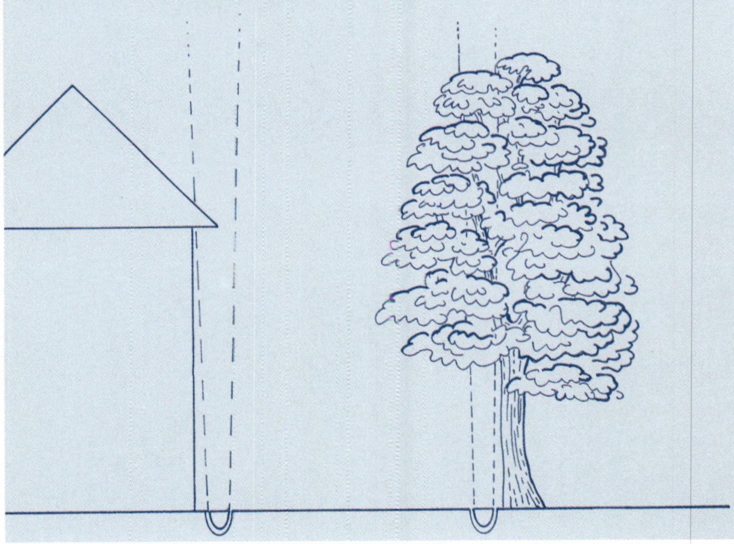

links Kaarslicht is een van de oudste manieren om een tuin te verlichten; bescherm de kaarsen tegen de wind. Hier ziet u een moo samenspel tussen de kaarsen en de Aronskelken.

rechts Dit is een bijzonder goed ontwerp; het licht schijnt laag bij de grond, precies waar u het wilt hebben.

uiterst rechts Dit is een variatie op het thema. Door de horizontale plaatjes wordt het licht diffuus terwijl het wel praktisch blijft.

Ontwerpers zien verlichting eindelijk als een kunstvorm. Ze laten zich inspireren door theatertechnieken. In het theater is het dramatische effect heel belangrijk. Om te zien hoe u het meest uit uw tuin kunt halen als het donker is, moet u alle mogelijkheden in ogenschouw nemen.

Spots zijn de oudste vorm van doelmatige toneelverlichting. Ze geven een sterke rechte lichtbundel, meestal van bovenaf, om een enkel object te verlichten. In de tuin zou dit een mooie plant of standbeeld kunnen zijn. Deze verlichting geeft het effect dat een enkel ding afsteekt tegen de donkere achtergrond.

Schijnwerpers verlichten een groter gebied en het licht is zachter; bij uitstek geschikt om een groepje objecten of een gedeelte van de beplanting mee te belichten.

Achtergrondlampen zijn wat de naam doet vermoeden: ze staan achter een object zodat er het beeld van een silhouet ontstaat. Het gaat erom dat u de lichtbron onzichtbaar maakt zodat het effect dramatischer is.

Een van mijn favoriete vormen van belichting is strijklicht. Het is vooral mooi in ommuurde tuinen. Om de textuur van de muur te

laten zien plaatst u één of meerdere lampen op de grond, zo dicht mogelijk bij de muur. Bij een boom werkt het net zo. Doordat het licht van onderen komt, en niet van boven, zoals zonlicht, zien dingen er heel anders uit dan overdag. Een aantal naar beneden schijnende lampen tussen de takken van een boom geeft een etherisch effect. De takken vormen een patroon waarvan de schaduw op de grond valt. Vooral op gras en bestrating lijkt dat heel bijzonder. Er zijn nog veel meer andere verlichtingstechnieken die geschikt zijn voor de tuin. Feestverlichting staat grappig in bomen en struiken. Voor het belichten van waterpartijen bestaan talloze mogelijkheden.

Denk er voor alles aan dat uw lampen veilig zijn. Lampen met een laag of hoog wattage gebruiken dezelfde gevaarlijke stroom. Vraag bij twijfel een vakman om hulp.

boven Een klassieke spot schijnt langs de muur omhoog en zorgt zo voor strijklicht. De potten met ronde struiken vormen een tegenwicht voor de rechte lijnen in de planken vloer.

rechts Als u het terras voorziet van goede belichting kunt u 's avonds veel langer buiten zitten. Lampen met een laag wattage voldoen; uiteindelijk hoeven ze geen aandacht te trekken.

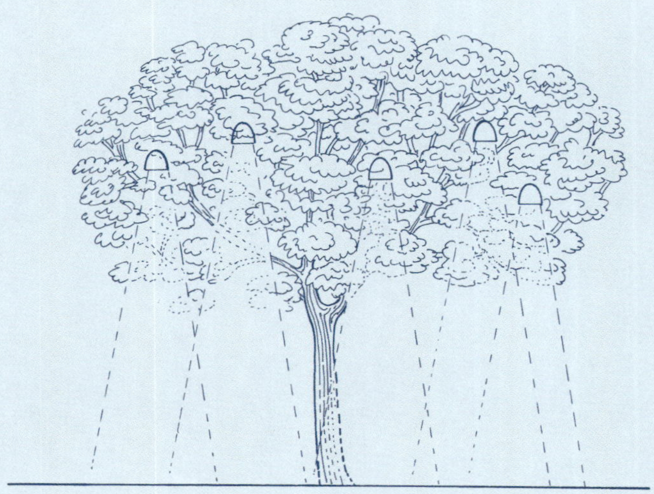

betoverend licht

Een verborgen lichtbron die op de grond schijnt is fascinerend. Wanneer de takken zachtjes bewegen in de wind ontstaat een toverachtige sfeer.

de beplanting

boven Bij het kiezen van planten moet u letten op de vorm en structuur ervan. Bladeren blijven langer dan bloemen en kunnen contrasterend werken of een deel van de tuin omlijsten.

rechts Een goed ontwerp kleedt de tuin het hele jaar aan met bloemen en gebladerte. Deze combinatie van varens, hosta's, aronskelken en klimrozen is helemaal in balans.

planten brengen een tuin tot leven met hun altijd veranderende uiterlijk van bladeren en bloemen. Toch moet u ze niet planten voor het ontwerp echt af is. Het raamwerk van het ontwerp zorgt ervoor dat planten een geheel vormen in plaats van een verzameling losse exemplaren. Het aanplanten zelf is minder vervelend dan het lijkt. Problemen ontstaan vrijwel alleen als het ontwerp niet goed doordacht is en mensen in een opwelling planten kopen en niet letten op de eigenschappen en afmetingen van de plant.

Het eerste waar u rekening mee moet houden als u planten koopt, is de grondsoort waarin ze thuishoren. Vooral in stadstuinen is de grond vaak uitgeput door jarenlang gebruik. Het is heel eenvoudig: hoe beter de grond, hoe beter planten groeien. Als de grond niet vruchtbaar genoeg meer is, moet u er zoveel mogelijk organisch materiaal doorheen spitten. Compost en vergane mest zorgen voor voedingsstoffen en verbeteren de structuur van de grond; zware klei wordt luchtiger en zandgrond zwaarder.

Zoek uit of de grond zuur of alkalisch is zodat u weet welke planten het goed zullen doen. De rododendron, azalea en camelia doen het bijvoorbeeld goed op zure grond. Alkalische grond is een uitstekende bodem voor onder andere brem, clematis, vlinderstruiken en anjers. Op neutrale grond gedijen veel plantensoorten. Met een klein testsetje kunt u zien wat de zuurgraad van uw tuin is.

Vervolgens is het van belang te weten op welke plek de meeste zon komt. Sommige planten houden van veel zon, andere van weinig en weer andere juist van veel schaduw. Als u planten op de verkeerde plek in de tuin zet, doen ze het gewoonweg niet.

Tot slot is het verstandig een beplantingsschema te maken. Het werkt niet om willekeurig planten te poten; de afmetingen, behoeften, bladvorm, textuur en natuurlijk de bloemen spelen allemaal een rol. De meeste tuiniers leren met vallen en opstaan, maar er zijn wel enige handreikingen die grove blunders kunnen voorkomen.

ontwerpen met planten

Veel tuinboeken zijn eigenlijk veel te nauwkeurig wat betreft de informatie over de verschillende plantensoorten. Het is helemaal niet zo belangrijk te weten hoe een bepaalde plant heet; het gaat erom wat u wilt bereiken met het totaal. Dit is de basisregel voor het aanplanten van een tuin, waar ook ter wereld.

Een tuinarchitect heeft geleerd in welke volgorde hij moet werken om het beoogde resultaat te behalen. Pas als u de nodige ervaring hebt opgedaan, kunt u ongebruikelijke combinaties uitproberen. Ervaring kunt u niet opdoen in versneld tempo, dus als u tuinen bezoekt zijn uw camera en schetsblok van onschatbare waarde.

Het succes van een tuin bestaat vaak niet uit het bijeenzoeken van bijzondere planten, maar meer uit het combineren van gewone planten. Met slechts zes verschillende planten hebt u al een oneindig aantal mogelijkheden.

het ontwerp invullen met planten

Dit is het uiteindelijke ontwerp van de tuin waarvan u de ontwerpschetsen zag op bladzijde 26 en 27. De keuze van de planten zegt veel over de bekwaamheid van de ontwerper. In deze tuin zijn de planten op een geraffineerde en evenwichtige manier gearrangeerd.

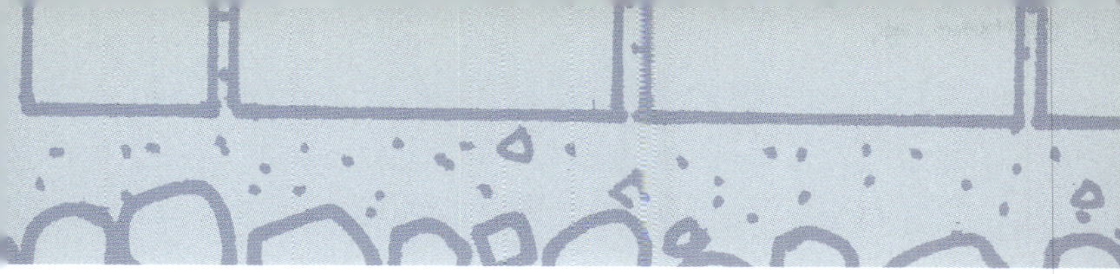

plantenlijst

1 *Hedera colchica* 'Paddy's Pride' **2** *Polygonatum multiflorum* **3** *Asplenium trichomanes* **4** *Lonicera halliana* **5** *Philadelphus* 'Virginal' **6** Gemengde varens **7** *Buxus sempervirens* 'Suffruticosa' **8** *Passiflora caerulea* **9** *Agapanthus* 'Headbourne Hybrids' **10** *Clematis montana* **11** *Hydrangea paniculata* 'Grandiflora' **12** *Aconitum lycoctonum* **13** *Zantedeschia aethiopica* **14** *Hosta* 'Thomas Hogg' **15** *Campanula persicifolia* 'Alba coronata' **16** *Rosa* 'New Dawn' **17** *Lilium regale* **18** *Nicotiana alata* **19** *Prunus* x *subhirtella* 'Accolade' **20** *Camellia japonica* **21** *Aquilegia* 'McKana Hybrids' **22** *Rehmannia angulata* **23** *Digitalis purpurea* **24** *Camellia japonica* **25** *Hosta* 'Royal Standard' **26** *Alchemilla mollis* **27** *Acanthus spinosus* **28** *Osmunda regalis* **29** *Camellia japonica* **30** *Clematis armandii* **31** *Hosta sieboldiana* var. *elegans* **32** *Hydrangea paniculata* 'Grandiflora' **33** *Hosta sieboldiana* var. *elegans* **34** *Aquilegia* 'Mckana Hybrids' **35** *Camellia japonica* **36** *Vitis vinifera* **37** *Hydrangea paniculata* 'Tardiva' **38** *Geranium* x *riversleaianum* 'Russell Prichard' **39** *Camellia japonica* **40** *Anemone hupehensis japonica* 'Bressingham Glow' **41** *Lilium* x 'Enchantment' **42** *Penstemon hartwegii* 'Mother of Pearl' **43** *Lonicera* x *americana* **44** *Astrantia major* **45** *Heuchera micrantha* var. *diversifolia* 'Palace Purple' **46** *Hosta fortunei* 'Aureomarginata' **47** *Buxus sempervirens* 'Suffruticosa' **48** *Rosa* 'New Dawn' **49** Gemengde varens **50** *Viburnum opulus* **51** *Hosta fortunei* **52** *Clematis* 'Perle d'Azur' **53** *Zantedeschia aethiopica* **54** *Viola odorata* **55** *Astrantia major* **56** *Phlox paniculata* 'White Admiral' **57** *Rosmarinus officinalis* 'Miss Jessop's Upright' **58** *Hosta undulata* **59** *Lilium regale* **60** *Thalictrum dipterocarpum* **61** *Alchemilla mollis* **62** *Hosta* 'Frances Williams' **63** *Hydrangea paniculata* 'Grandiflora' **64** *Thalictrum dipterocarpum* **65** *Agapanthus* 'Headbourne Hybrids' **66** *Geranium* 'Ann Folkard' **67** *Pulmonaria saccharata* **68** *Alchemilla mollis* **69** *Aquilegia* 'McKana Hybrids' **70** *Alchemilla mollis*

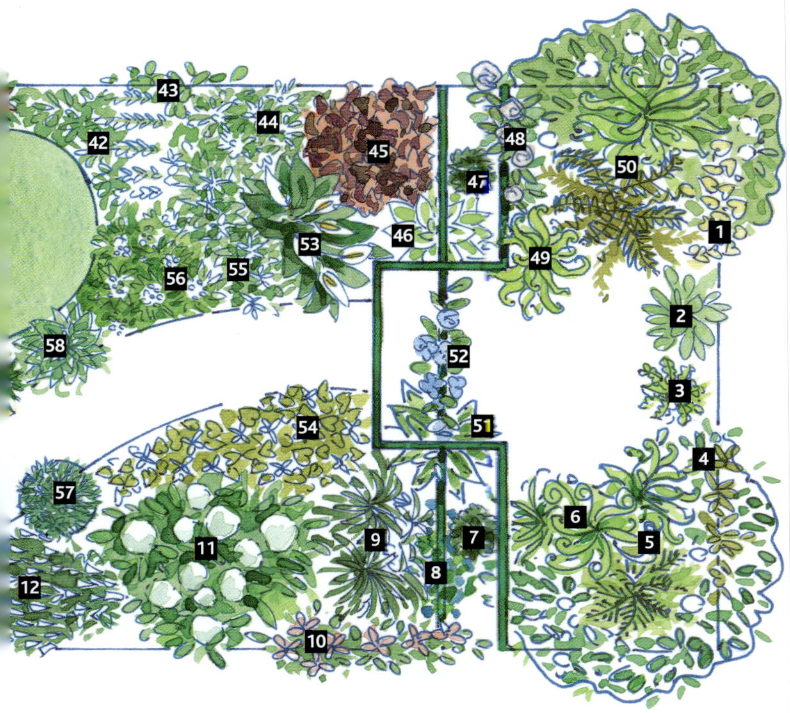

boven Geurende lelies en klokjes tegen een donkere achtergrond.

linksboven De structuur en kleur van de planten komen hier goed tot hun recht.

rechts Hosta's zijn bijna architectonisch. Ze doen het goed in de schaduw.

lagen

Door de jaren heen hebben andere ontwerpers en ik ons beziggehouden met iets wat ik 'lagen' noem. Eigenlijk is het iets wat van nature voorkomt. Als u in een wild bos loopt, ziet u dat de planten als het ware in lagen groeien.

De hoogste laag wordt gevormd door de bomen. De tweede laag bestaat uit het struikgewas. Het dichtst bij de grond groeien de bodembedekkers. De beplanting van een bos kunt u natuurlijk niet klakkeloos overnemen voor uw tuin, maar het principe van de drie lagen werkt in alle omstandigheden.

Als we een bos als uitgangspunt nemen, moeten we eerst de bomen, de grootste elementen van de tuin, bekijken. Te vaak zie ik kleine stadstuintjes die gedomineerd worden door een reusachtige boom. Die boom kan er een halve straat verderop prachtig uitzien maar van dichtbij kan hij een ramp zijn: vallende bladeren, een donkere tuin, verarmde aarde. De reden waarom een dergelijke boom daar staat is hoogstwaarschijnlijk dat degene die hem plantte zich niet heeft gerealiseerd hoe groot hij kon worden.

Ga bij aankoop van elke plant na hoe groot hij wordt, of het nu gaat om een boom of een bodembedekker. Ik wil niet zeggen dat u nooit een boom moet nemen, integendeel; een boom kan een lelijk uitzicht verbergen, schaduw geven en veel bijdragen aan de compositie in de tuin. Hij moet echter wel in uw tuin passen.

Kijk voor een kleine tuin uit naar een boom die niet erg groot wordt, met kleine blaadjes die niet te

onder De achtergrond van deze borders is 'geleend' van de buren. De planten nemen naar voren toe af in hoogte. Hier ziet u kort bloeiende planten, een langbladige iris, de groenblijvende *Euphorbia wulfenii*, donkere coniferen en potplanten.

planten in lagen

De basisprincipes van een beplantingsschema kunnen in elke situatie worden toegepast. In dit ontwerp lijkt de beplanting in lagen op die van een bos. Ik noem hier geen specifieke planten maar plantensoorten. Er is een kleine boom die het slechte uitzicht camoufleert. Daaronder zijn lagen grote en middelgrote planten die elkaar overlappen. De bodembedekkers vooraan vormen de breedste laag.

1 lage bodembedekkers **2** middelhoge planten **3** hoge planten **4** klimplanten tegen muur **5** boom die lelijk uitzicht verbergt

dicht op elkaar groeien. Als ik zeg kijk, dan bedoel ik dat u de boom in het echt moet gaan bekijken om een goede indruk te krijgen van de afmetingen. Ga niet alleen af op wat u in een plantenencyclopedie ziet.

De plek van de boom in de tuin zal in belangrijke mate worden bepaald door de compositie. Het is echter wel belangrijk om u af te vragen of de boom nadelig kan zijn voor het huis of voor de leidingen. Een groot wortelstelsel kan kleine rampen veroorzaken. Het is veiliger om te kiezen voor een kleine boomsoort, want die geeft meestal minder problemen.

De laag die onder de bomen groeit, bestaat uit planten die de achtergrond van de tuin moeten vormen. Meestal zijn dat groenblijvende struiken. Ze kunnen een belangrijke verbinding zijn met het geleende landschap buiten de tuin.

U kunt bijvoorbeeld struiken nemen die lijken op die van uw buren zodat de ruimten in elkaar overgaan. In een kleine tuin kan het om één struik gaan, in een grote om meerdere.

Planten die de achtergrond vormen, kunnen beter niet te veel opvallen. Een plant met strakke contouren is dus minder geschikt. Bij kleine tuinen zijn de hoeken vaak problematisch; u kijkt er vaak het eerst heen en uw blik blijft er dan hangen. Als de begrenzing van de tuin verborgen wordt door bloemen en bladeren glijdt uw oog erlangs. Een hoge, rechtgeknipte conifeer daarentegen benadrukt de hoek.

Ook grote gelobde bladeren vestigen de aandacht op de muur, waardoor de tuin kleiner lijkt. Fijn gebladerte filtert het licht, is aangenamer voor het oog en lijkt de muur weg te duwen. Om deze reden is ook gras en bamboe heel geschikt. Voor klimplanten geldt hetzelfde: kies planten met kleine bladeren.

Aangezien planten die de achtergrond vormen in verhouding groot zijn, kunt u ze makkelijk intekenen op de plattegrond. Als u een goed beplantingsschema hebt, kunt u gericht op zoek gaan naar de gewenste planten. Het grote voordeel van een schema is dat u de afmetingen en combinaties van planten van tevoren weet.

De fout die bijna iedere beginner maakt, is de hoogte en omvang van planten onderschatten; bereid u dus goed voor en laat u uitgebreid informeren.

De beste manier om een plant op een plattegrond aan te geven is met een cirkel. Ga bij het tekenen van de cirkel uit van de afmetingen van een volwassen plant. U kunt de plattegrond ook gebruiken om kleurencombinaties aan te geven.

stroken planten

De volgende laag planten zal lager zijn dan de vorige en meer in elkaar grijpen. Hier kunt u middelgrote struiken als basis nemen en die combineren met kruidachtigen en vaste planten.

Deze laag kunt u het best bekijken als een strook, in plaats van te denken aan afzonderlijke soorten. Een tuin vol eenlingen geeft namelijk een drukke indruk. Stroken zorgen ervoor dat de tuin uitgestrekter lijkt en laat het oog een bepaalde route volgen. Dit principe komt overeen met de natuurlijke stituatie in een bos; de rust in een bos komt voort uit de uitgestrektheid van lagen, variërend van boomtoppen in de hoogte tot de vlakte van grasklokjes op de grond. Als er een grote achtergrondplant in de hoek van uw tuin staat, zet daar dan niet alleen kleine struikjes vlak voor, maar laat ze doorlopen naar achteren.

Een van de voordelen van het bij elkaar zetten van verschillende planten is dat middelgrote struiken kunnen dienen als steun voor de kleinere bloemen ervoor. Natuurlijk moet u ervoor zorgen dat niet al het struikgewas even hoog is, en hetzelfde geldt voor de andere vaste planten. Laatstgenoemde kunnen variëren van planten met een langgerekte vorm die tussen de takken van de struiken uitschieten, tot lage ronde pollen.

Het geheim van een mooie border is het mengen van bij elkaar passende planten. Als u ervaring hebt, zult u in staat zijn subtiele combinaties te maken.

De onderste laag bestaat uit de bodembedekkers die een tapijt vormen. Net als alle andere planten hebben bodembedekkers meestal een bepaalde voorkeur; zon dan wel schaduw, droge dan wel natte grond. Achtergrondplanten staan alleen, met z'n tweeën of drieën. De middelste plantenlaag gaat per drie, vier of vijf planten, en de onderste laag bestaat uit veel plantjes bij elkaar. Hier kunt u het principe van elkaar overlappende stroken toepassen; stroken die de achterliggende lagen in zich opnemen en zo verbinden. Vaak zijn het de bodembedekkers die ervoor zorgen dat een tuin weinig onderhoud nodig heeft. Sommige soorten breiden zich echter enorm uit en kunnen een ware plaag worden.

Het basisprincipe van een plantenbed is dat de achterste planten hoog zijn, de voorste laag en dat in het midden een paar planten uitsteken. Coniferen en andere conisch gevormde struiken trekken veel aandacht; gebruik ze alleen om iets te benadrukken. Andere planten die boven de rest uitsteken zijn bijvoorbeeld yucca's. In een kleine tuin moet hun plek goed overdacht worden.

links Er is hier een subtiel samenspel tussen de achtergrond van Eleagnus angustifola 'Quicksilver', de blauwe sprieten van de Veronicastrum 'Fascination' en Verbascum chaixii album. De lagergelegen Sedum matrona leidt het oog weg van het geheel.

rechts De pieken van de Veronica petraea 'Pink Damask' geven hier een verticaal accent. De lieflijke Achillea 'Cerise Queen' zorgt voor tegenwicht met haar platte bloemenkoppen.

kleurstroken

Het zijn de planten die een tuin tot leven brengen. Rechte blokken met planten suggereren geometrie, groepen op verschillende plekken doen asymmetrisch aan, en meerdere lagen zorgen voor dynamiek. Plantenlagen brengen continuïteit in het ontwerp. Ordening naar kleur is ook belangrijk, evenals de textuur van bladeren. Deze tuin ziet u ook op bladzijde 34.

1 *Phlomis italica* **2** *Anthericum liliago* **3** *Geranium pratense* 'Mrs Kendall Clarke' **4** *Arbutus unedo* **5** *Helleborus niger* **6**.*Geranium phaeum* **7** *Rosa mutabilis* **8** Gemengde varens **9** *Camassia Leichtlinii* 'Atrocoerulea' **10** *Aconitum henryi* 'Spark's Variety' **11** *Watsonia* 'Beatricis' **12** *Mascanthus sinensis* 'Gracillimus' **13** *Caphalaria alpina* **14** *Cirsium rivulare* 'Atropurpureum' **15** *Oenethera caespitosa* **16** *Agapanthus campanulatus* 'Albus' **17** *Achillea taygetea* **18** *Corylus maxima purpurea* **19** Veronicastrum **20** *Veronica spicata* **21** *Achillea* 'Paprika' **22** *Eleagnus angustifolium* 'Quicksilver' **23** *Sedum maximum atropurpurea* **24** Verbascum **25** *Stipa calamagrostis* **26** *Cercis siliquastrum* **27** *Buddleia salviifolia* **28** *Euphorbia mellifera* **29** *Colutea media* **30** *Salvia superba* 'Mainacht' **31** *Linaria triornithophora* **32** Dierama **33** *Typha laxmanii* **34** *Nymphaea alba* **35** *Zantedeschia aethiopica* **36** *Genista aetnensis* **37** *Phyllostachys aurea* **38** *Euphorbia mellifera*

vorm, textuur en kleur

De vorm van een plant op zich is minder belangrijk dan de manier waarop hij zich verhoudt tot de omringende planten. De kunst van een goed ontwerp ligt in het combineren van de verschillende soorten.

Bloemschikkers hebben vaak goede ideeën omdat ze het samenspel tussen textuur, vorm en kleur begrijpen. Een aantal van dezelfde planten naast elkaar is minder interessant dan een groepje contrasterende exemplaren. Een ontwerp staat of valt met de samenstelling van de plantensoorten.

Als u een groot plantenbed hebt, kunt de hoogste laag laten bestaan uit fruitboompjes. Daaronder kunnen geelbruine hazelaars komen met daarvoor paarse venkel als contrast. Een vlinderstruik met grijsgroene bladeren zou mooi staan naast de venkel. Daaronder zou een strook rudbeckia's het goed doen. Ik heb deze combinatie in mijn eigen tuin en heb die ook toegepast in een lange tuin van een opdrachtgever, om de aandacht af te leiden van de garage van de buren.

Ergens anders in de tuin heb ik een mooie grootbladige *Hosta glauca* naast *Euphorba wulfenii* staan; ook deze planten vormen weer een groot

klassieke combinaties

Hier zijn tegengestelde vormen in klassieke proporties gebruikt. In elk klimaat zijn planten te vinden waarmee u zoiets kunt bereiken. Hier ziet u een kleine conifeer met *Hebe rakaiensis* en *helianthemum*.

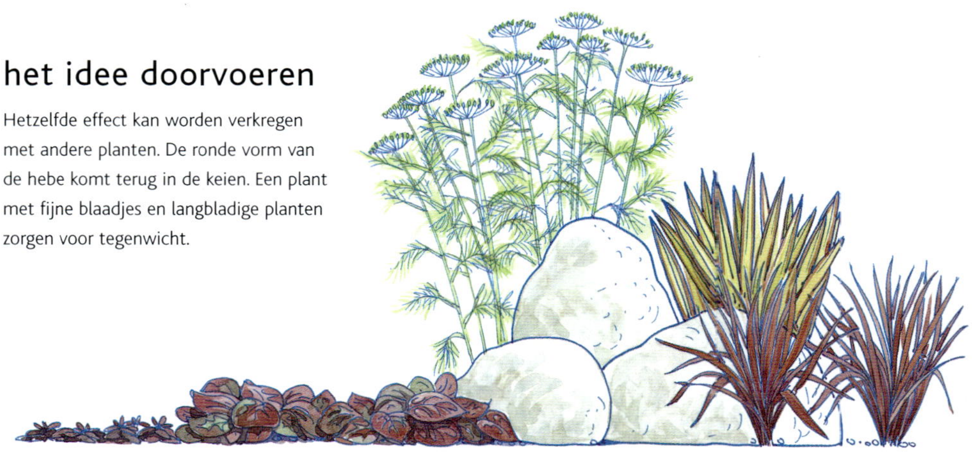

het idee doorvoeren

Hetzelfde effect kan worden verkregen met andere planten. De ronde vorm van de hebe komt terug in de keien. Een plant met fijne blaadjes en langbladige planten zorgen voor tegenwicht.

uiterst links Een lage liguster is in kubusvorm geknipt en steekt af tegen het gebladerte eromheen.

links De geschulpte bladeren van de Rheum palmatum vormen de achtergrond voor de geribbelde bladeren van de hosta.

rechts De datura heeft een bedwelmend parfum. De klokvormige bloemen zien er prachtig uit, maar de plant is giftig – let dus op.

boven Of een tuin mooi is hangt vaak af van de details: hier een groepje planten, daar een mooi hoekje en verderop een verrassend uitzicht. De natuur doet eraan mee en zaait haar eigen bloemen.

links Bijzondere combinaties als veronica met watsonia zijn het proberen waard. Kleuren die binnenshuis vreemd bij elkaar staan kunnen buiten geweldig zijn.

contrast in de afmeting en vorm van de bladeren. Hiertussen heb ik een overblijvende witte geranium geplant.

De bodembedekker is in dit geval *Alchemilla mollis*, deze soort komt in veel situaties goed van pas. Het betreft hier een schaduwrijk gedeelte van de tuin. In een zonnig stuk kunt u een *Salvia superba* met haar diepblauwe bloemen combineren met zilverkleurige alsem, en paarse heuchera afwisselen met carex. Een koepelvormige hebe rondt het geheel af.

textuur

Als u meer ruimte hebt, kunt u grotere planten nemen. Een plantenbed kan benadrukt worden met een kleine boom. De Rhus typhina 'Laciniata' kan een optie zijn.

rechts Grassen zijn heel mooi en ze zijn dan ook populair. Veel soorten, bijvoorbeeld de hier afgebeelde pennisetum, hebben wuivende halmen en geven een gevoel van ruimte.

Ontwerpers hebben allemaal bepaalde favoriete combinaties waarvan ze weten dat ze het altijd goed doen. Ronde vormen staan bijvoorbeeld mooi tegen lange rechte bladeren. Palmbladeren staan prachtig bij grassen en bamboe. Een andere topcombinatie is die van fijne gespleten blaadjes met ronde bladeren en smalle verticale vormen.

Kies de planten die het best bij u en uw tuin passen en een groepering waar u ieder seizoen iets aan hebt.

links Een Engelse cottagetuin is vrij van ontwerp maar doordacht van stijl. Het kleurenspel is oneindig. Deze tuin is samengesteld uit pasteltinten – roze, lila, wijnrood en zilver – die zowel contrasteren als in harmonie zijn.

kleurcombinaties

Bloemen zijn de toegift van een tuin omdat bloeiende planten meestal maar een paar weken per jaar bloeien. Dit betekent niet dat hun kleur niet belangrijk is; die is juist van grote invloed op de tuin als geheel.

Veel ontwerpers kiezen de kleuren tegenwoordig op basis van hun plek op de kleurencirkel. Maar deze methode kan zorgen voor de nodige verwarring. Miss Jekyll, een bekende Engelse tuinierster, heeft een eenvoudige kleurentheorie bedacht: warme kleuren trekken aan en koele kleuren stoten af.

Warme kleuren - rood, felroze, geel en oranje - zijn overheersend. Zet een pot rode geraniums aan het eind van een doorkijkje en alle aandacht gaat daar naartoe. De bezoeker van de tuin mist alle andere dingen op de route.

Een warme kleur verkort de ruimte. Miss Jekyll zag dit in en zei dat warme kleuren voornamelijk dicht bij het huis of als een blikvanger gebruikt moeten worden. Als u in een gematigd klimaat woont, met het bijbehorende gedempte licht, lijken warme kleuren nog scheller. Wees dus voorzichtiger met het toepassen ervan. In een warm en zonnig klimaat worden ze juist getemperd en kunt u ze dus vrijer hanteren.

Koude kleuren - blauw, vaalroze, paars en pasteltinten - werken heel anders. Ze zijn duidelijk minder dominant, en door ze verder van een aandachtspunt te plaatsen lijkt de ruimte groter. Grijs en crèmekleur zijn neutraal: ze zorgen ervoor dat verschillende kleuren één geheel worden en maken felle warme kleuren zachter.

Een bloembed helemaal in pastelkleuren kan echter weer karakterloos worden. In zo'n geval kies ik er een paar warmgekleurde planten bij, bijvoorbeeld gele of oranje, en plant er hiervan een paar tussen de andere bloemen. Niet te veel, net genoeg om dat gedeelte van de tuin op te peppen. Het is net als met koken of schilderen: alles draait om de samenstelling.

Waar het op neerkomt is dat u de eigenschappen van planten bestudeert voor u iets aanschaft en u moet uw gezonde verstand gebruiken. Natuurlijk helpt ervaring u een eind op weg. U kunt echter telkens nieuwe combinaties uitproberen en daardoor veel plezier aan het tuinieren beleven.

kleurenschema's

Er zijn geen regels voor kleurgebruik in de tuin, hoogstens is er een leidraad. Als u een bloemenveld in Zuid-Afrika gezien hebt, weet u hoe prachtig gewaagde combinaties bij elkaar kunnen staan. Zet planten in groepjes bij elkaar; enkele planten maken het beeld te druk. Deze tuin staat ook op bladzijde 47 (linksonder).

1 Bestaande rododendron **2** *Dryopteris filix-mas* **3** Bestaande hortensia **4** *Digitalis* x *mertonensis* **5** *Hemerocallis* 'Stella d'Oro' **6** Bestaande rabarber **7** *Aruncus sylvester* **8** *Aconitum fischeri* 'Arendsii' **9** *Allium schoenoprasum* **10** *Mentha* x *piperita* **11** *Calamagrostis* x *acutiflora* 'Karl Foerster' **12** *Euonymus fortunei* 'Emerald 'n' Gold' **13** Bestaande azalea **14** *Aconitum fischeri* 'Arendsii' **15** *Calamagrostis* x *acutiflora* 'Karl Foerster' **16** *Hedera helix* 'Hibernica' **17** Bestaande hortensia **18** *Wisteria floribunda* **19** *Hosta sieboldiana* 'Elegans' **20** *Hedera helix* 'Goldheart' **21** Bestaande beukenboom **22** *Trollius chinensis* 'Golden Queen' **23** *Euphorbia polychroma* **24** *Ligularia dentata* **25** *Thymus serpyllum* **26** *Taxus baccata* **27** *Jasminum nudiflorum* **28** *Macleaya cordata* **29** *Calamagrostis* x *acutiflora* 'Karl Foerster' **30** *Callicarpa bodinieri* 'Profusion' **31** *Luzula sylvatica* 'Marginata' **32** *Geranium* x *magnificum* **33** *Luzula sylvatica* 'Marginata' **34** *Kalmia latifolia* **35** *Geranium cinereum* 'Ballerina' **36** *Alchemilla mollis* **37** *Clematis alpina* **38** *Digitalis mertonensis* **39** *Geranium sanguineum* 'Elsbeth' **40** *Geranium sanguineum* 'Elsbeth' **41** Bestaande rododendron **42** *Dryopteris filix-mas* **43** *Clematis* 'Perle d'Azur' **44** Bestaande appelboom **45** *Caryopteris* x *clandonensis* 'Heavenly Blue' **46** *Bergenia* 'Admiral' **47** *Euonymus alatus* 'Compactus' **48** *Euphorbia myrsinites* **49** *Ajuga reptans* 'Atropurpurea' **50** *Liatris spicata* 'Floristan White' **51** *Anaphalis triplinervis* 'Silberregen' **52** *Thymus serpyllum* **53** *Hemerocallis* 'Stella d'Oro' **54** *Thymus vulgaris* **55** *Thymus serpyllum* 'Coccineus Minor' **56** *Anaphalis yedoensis* **57** *Lavendula angustifolia* 'Hidcote' **58** *Alchemilla mollis* **59** *Crambe cordifolia*

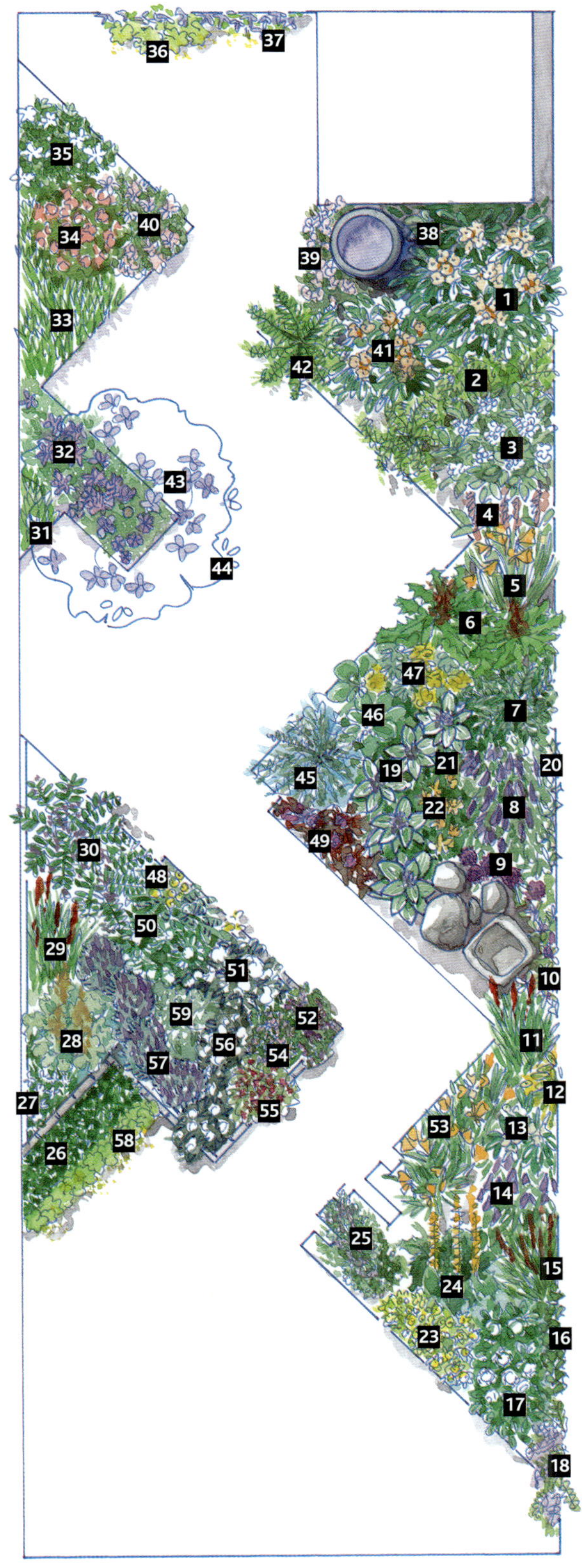

muren van groen

Een ommuurde stadstuin kan op het eerste gezicht ontmoedigend lijken voor een tuinierder. Maar we hebben in eerdere hoofdstukken al gezien wat we allemaal met verticale muren kunnen doen. Hieraan kunnen we nog de klimplant in al zijn verschillende vormen toevoegen. Het gebladerte, de bloemen en de geur kunnen veel bijdragen aan uw tuin.

Het idee van een groene buitenkamer gaat zeker op voor een kleine tuin. Van uw stadstuintje kan u een oase in het hart van de stad maken. Er is een klimplant te vinden voor elke omgeving: zonnig of met schaduw, droog of vochtig. Sommige soorten, zoals de traditionele klimop, zijn groenblijvend en sterk. *Clematis armandii*, ook groenblijvend, is minder sterk maar geurt heerlijk. Jasmijn heeft een nog bedwelmender parfum. Sommige klimplanten houden zich aan de muur vast met kleine zuignapjes of tentakels; andere hebben steun nodig.

Latwerk is handig maar vergt wel wat onderhoud, wat lastig is als de klimplant er eenmaal tegenop gegroeid is. Zelf gebruik ik liever draad. Ik haak de draden horizontaal aan de muur, schutting of het hek, achter haakjes. De afstand tussen de draden bedraagt 45 centimeter. Het makkelijke is dat het geheel van draden en planten losgehaakt kan worden als u voor onderhoud achter de planten moet zijn.

Er zijn ook struiken die graag tegen verticale oppervlakken aanleunen. Typische voorbeelden hiervan zijn fremontodendron, ceanothus en *Jasminum nudiflorum*, ofwel winterjasmijn. Meestal groeien ze niet alleen in de hoogte maar ook in de breedte en het is daarom een goed idee om ze al vanaf het begin regelmatig te snoeien. Als u het jaarlijks doet, is het maar een klein klusje. Als u het echter uitstelt tot de plant volgroeid is, wordt het een heidens karwei.

Het is beter klimplanten in de grond te poten en niet in een pot. Als uw tuin betegeld is, kunt u vlak bij de muur of schutting een paar tegels verwijderen en er een zo diep mogelijk gat graven. Vul het gat met compost en tuinaarde, en plant de klimmer een centimeter of 15 bij de muur vandaan. Op deze manier kan het regenwater de wortels beter bereiken. Als het nodig is kunt u een gedeelte van de bestrating terugleggen. Laat zoveel ruimte over dat de stam kan groeien en u de plant water kunt geven.

Gemengde klimplanten kunnen een fantastisch effect hebben. Als u erop let wanneer ze bloeien kunt u zorgen dat er in alle seizoenen iets in bloei staat. Klimrozen en clematis doen het goed samen, net als jasmijn en *Vitis vinifera* 'Purpurea', een druivensoort met paarse bladeren. Er zijn ook veel soorten die gedijen in de schaduw. Een gematigd klimaat is ideaal voor klimop, klimhydrangea, wingerd, en de indrukwekkende maar moeilijke vuurdoorn met zijn mooie winterbessen.

links Hier is het idee van een muurklimplant ver doorgevoerd. De wingerd kruipt hier over het hele huis, verzwelgt het bijna. Als de plant het dak bereikt, kan hij schade aanrichten.

rechts Een stukje Japan in Londen. Een beekje voert tussen Japanse esdooms, rotsblokken, ornamenten en de bodembedekker helxine door. De afscheiding is een muur van planten geworden.

levende tapijten

Niet iedereen wil zijn kleine tuin of binnenplaats helemaal betegelen. Als het grondoppervlak niet intensief gebruikt wordt, is dat ook helemaal niet nodig. Het verbaast me telkens als mensen zeggen dat een gazon veel werk is. In feite kost het juist niet veel onderhoud. Oké, als u een perfectionist bent en elk sprietje onkruid wilt verwijderen, dan bent u wel even bezig. Zelf ben ik heel gelukkig met hier en daar een madeliefje of klavertje.

Een gazon ziet er echt uit als een levend tapijt. In een kleinere tuin kan het gras zo worden aangelegd dat de patronen de aandacht afleiden van bijvoorbeeld dominante muren of andere lelijke dingen. Eenvoudige figuren als cirkels en rechthoeken werken in zo' n geval meestal het best. Als u een lager gelegen stenen randje om het gazon legt, hoeft u de kantjes niet vaak te knippen; een keer per half jaar zal voldoende zijn.

Zoals bij veel andere onderdelen van de tuin is het ook bij een gazon zo dat u zich van tevoren goed moet voorbereiden. Het eerste waar u op moet letten is de afwatering. Zonder een goede afwatering kan uw gazon geen succes worden.

In het algemeen geldt dat gras het best groeit in een open omgeving. Als u helemaal een nieuwe grasmat moet aanleggen is het belangrijk dat u ervoor zorgt dat het stuk grond gecultiveerd is, zodat water gemakkelijk opgezogen wordt. Daarnaast moet de aarde natuurlijk vruchtbaar zijn.

De snelste manier om een gazon te krijgen is het leggen van zoden. Als u een kleine tuin hebt, kunt u het beste gras kiezen zonder dat het heel duur wordt. Als zoden leggen tegen uw tuiniersprincipes ingaat, kunt u een gazon inzaaien. Er is veel keuze, van zacht gras tot hard voetbalgras.

Als u een bestaand huis hebt gekocht, ligt er in de tuin misschien al een gazon. Wanneer dit in slechte conditie verkeert, kunt u wonderen verrichten met een cultivator. Of u kunt gewoon het oppervlak losmaken met een tuinhark, die u diep door het gras trekt. Het gras bemesten zal ook helpen; uiteindelijk is gras niet anders dan andere planten.

Maai het gras nooit te kort. De kwaliteit wordt er slechter door en het wordt eerder bruin in de zon. Een jaar of wat geleden waren er mensen die een gazon aanlegden van kamille. Een kamillegazon ziet er mooi uit en ruikt lekker, maar is moeilijk aan te leggen en te onderhouden. Op de een of andere manier groeit het onkruid altijd harder dan de kamille!

Voor een levend tapijt zijn er nog andere alternatieven voor gras. Een ervan is tijm. Zoals u zult weten is tijm een kruipplant die als kruid gebruikt wordt. De soort heeft open ruimte, zon en goede afwatering nodig. Als de grond ook maar iets te nat wordt, verdwijnt het kruid. Er zijn verschillende soorten tijm en het kan mooi zijn om ze te combineren tot een lappendeken van bloemen en bladeren. U kunt er eventueel staptegels tussen leggen.

Klimop is ook een goede bodembedekker, ideaal voor schaduwgedeelten. Veel soorten hebben bonte bladeren en zijn groenblijvend. Er zijn ook kruipende jeneverbessen. Ze zijn dicht maar kunnen saai lijken, terwijl de kruipende *Ceanothus thyrsifloris* 'Repens' een tapijt van zachtblauwe bloemen vormt.

links Tuinen gaan met de seizoenen mee. De eerste bloemen die verschijnen, zijn meestal bollen. Hier vormen bloemen, gras en staptegels een lentetapijt.

rechts Een gazon kan geometrisch zijn of juist vol staan met wilde bloemen. Dit is de eerste benadering: een perfect groen tapijt langs een stenen kanaaltje.

moeilijke gedeelten

Alle tuinen hebben wel een vreemde hoek of ander lastig gedeelte; een border in de brandende zon of een vochtige plek in de schaduw. Het vinden van decoratieve beplanting lijkt in die gevallen bijna onmogelijk. Een goede tuinarchitect is echter niet voor één gat te vangen en een groter probleem betekent voor hem alleen een grotere uitdaging.

Er zijn doorgaans twee oplossingen: kunstmatige decoraties of het vinden van planten die het doen onder zware omstandigheden. Welke potten en andere decoraties u kiest, is natuurlijk in belangrijke mate afhankelijk van uw smaak. Het kiezen van planten is daarnaast een technische aangelegenheid en kan soms lastig zijn. Er zijn echter planten die zelfs in extreem warme, koude, droge of natte omstandigheden groeien.

Inspiratie is overal om u heen. Boeken kunnen u op weg helpen bij het maken van de juiste keuze en ook op de plantenlabels in het tuincentrum staat nuttige informatie. Tuinen zijn te vergelijken met mensen: ze zijn allemaal verschillend, maar als u ze goed behandelt, kunnen ze uw vrienden worden.

links De aronskelk is een van mijn favoriete planten; architectonisch van vorm en hij staat mooi bij vrijwel alles. In deze tuin vind ik het contrast mooi tussen de witte bloemen en de donkerblauwe bank die tegen de buitenmuur staat.

rechts Als u in een mediterraan klimaat woont, zet dan citrusbomen in uw tuin. De kraan en wasbak zijn prachtig van ontwerp. Een geslaagde compositie. U voelt de warme invloed van de Middellandse Zee.

potplanten

Potten staan leuk in de tuin. Sommige tuinen zijn zo klein dat er alleen plaats is voor potplanten, of de grond van de tuin is zo hard en slecht dat er niets wil groeien. Maar ook in grotere tuinen met goede grond staan potplanten mooi. Muren, vloeren, balkons, trappen; alles kan opgefleurd worden met een potplant of groepje planten. Omdat potten gemakkelijk verzet kunnen worden, kunt u uw tuin telkens een ander aanzicht geven. Binnenshuis zet u siervoorwerpen geregeld anders neer, dus waarom buiten ook niet?

Een pot kan voor een plant nooit te groot zijn. In een kleine pot drogen planten sneller uit en hebben de wortels minder ruimte. Het nadeel van grote potten is dat ze in gevulde toestand zo zwaar zijn dat ze moeilijk te verplaatsen zijn. U kunt er eventueel wieltjes onder zetten of ze op een steekwagentje verrijden.

Net als bij grote borders is de grond voor potten van het grootste belang. Het best kunt u tuinaarde of potgrond nemen; die soorten zijn licht en voedingrijk. Mulch zorgt ervoor dat de grond niet te snel uitdroogt. Geef potplanten geregeld plantenvoeding. Lees van tevoren altijd goed de gebruiksaanwijzing en geef ze niet te veel voeding – dat doet meer kwaad dan goed. Zelf gebruik ik het liefst vloeibare mest.

Het maakt niet uit wat voor stijl bloempotten u neemt; kies wat u mooi vindt. Mocht u een tip willen: klassieke urnen staan mooi in een geometrische tuin, net als Venetiaanse bloembakken of symmetrische vazen. In een minder strakke tuin past vrijwel alles. In sommige tuinen staan prachtige verzamelingen potten. Soms is de pot zo mooi dat het een pronkstuk op zich wordt en de plant er bijna afbreuk aan doet. In de meeste gevallen is de pot echter bijzaak en steelt de plant de show. Een oude emmer met een overhangende hosta of een eenvoudige terracottapot met een prachtige Oost-

boven Als er weinig beplantbare grond is, kunnen potplanten de tuin aankleden. Dit is een paradijs voor een liefhebber van potten, met potten in alle maten op de grond en aan de muur.

rechts Varens, palmvarens en palmboompjes staan mooi in potten, vooral als u ze in exotische potten zet.

links Potten kunnen groot of klein zijn, breed of smal; kies hun plek altijd zorgvuldig uit. Zet een klein potje bijvoorbeeld op een standaard, zoals hier.

links Een serie identieke potten en planten geeft een bepaald ritme. Deze opvallende agaves marcheren langs een even opvallend plantenbed.

rechts Verticale ruimte is belangrijk in een tuin. Maak gebruik van wanden waar u maar kunt. Deze kleine potten moeten vaak begoten worden, maar als compensatie vrolijken ze de saaie schutting op.

Indische kers staan geweldig. Een speelse noot mag; schaf een pot aan in de vorm van een hoofd en plant er gras of een varen in. Dan lijkt het net of het een hoofd met haar is - een grappig effect.

Als de pot groot genoeg is kunt u er ook een struik in zetten; die gedijt goed in een pot. Kruiden houden van warme, droge omstandigheden. U kunt ze in kleine potjes bij elkaar zetten, in de buurt van uw keuken.

Groenten en fruit zijn een echte bonus in een stadstuin. Er zijn speciaal geënte fruitboompjes die toch vrucht dragen. En wat smaakt lekkerder dan aardappels die u in een beschilderde vuilnisbak hebt geteeld?

Zelf houd ik niet zo van hangpotten, maar veel mensen vinden ze geweldig. Het staat buiten kijf dat een kale muur of lelijke schutting ervan kunnenopknappen. Neem ook voor hangplanten zo groot mogelijke potten.

Ik heb een hekel aan het water geven van al die verschillende potten – maar waarschijnlijk ben ik gewoon lui!

bijzondere planten

Een bijzondere plant wilt u misschien op een plek zetten waar hij het middelpunt van uw tuin vormt. Een voorwaarde is dat de struik of plant het gehele jaar door interessant is of ten minste een bepaalde periode van het jaar iets heel bijzonders heeft.

Ik heb een wilde roos in mijn tuin geplant, een 'Goudvink'. Hij bloeit weliswaar slechts één keer per jaar, maar er is geen andere plant die zo glorieus en indrukwekkend is. Die roos is een van mijn favoriete planten.

Heel anders maar ook opvallend is de Japanse kers in al zijn variëteiten. De meeste soorten groeien langzaam. In het najaar verliezen ze hun blad, maar het silhouet is ook in de winter indrukwekkend. Bijkomend voordeel is dat ze geen bezwaar hebben tegen een pot. Een dergelijke plant kan de trots van de tuin worden, zeker als hij in het midden staat.

Ik heb een keer de achtermuur van een lange binnenplaats wit geverfd en er een Japanse kers met paarse bladeren voor geplant. In de zomer waren de bladeren prachtig en in de winter vormde de plant een ronduit adembenemend tafereel, met de takken die als donker kantwerk afstaken tegen de muur.

Iets minder spectaculair maar ook fraai en decoratief is een groepje acanthus in de bocht van een pad, of een hoge rozemarijnstruik boven aan een trapje. U moet deze planten met zorg uitzoeken; ze zijn net als siervoorwerpen in huis, en vaak net zo waardevol.

links Deze uitzonderlijk grote en mooie varen domineert een beschaduwde border. Als de bladeren zich in het voorjaar ontrollen lijkt de plant nog aparter. Varens zijn sterker dan ze eruitzien.

boven Hosta en Pelargonium 'Fireworks' doen het goed bij elkaar in de schaduw. Ze dragen een lange tijd van het jaar bladeren en bloemen.

schaduw

Als u in een gematigd klimaat woont, hebt u hier een aantrekkelijke en makkelijk te onderhouden border. Beschaduwde muren zijn uitermate geschikt voor klimplanten. De hybridische fatshedera en de *Hydrangea petiolaris* zijn ideaal. Ik heb voor de plantenbedden een aantal groenblijvende planten gekozen, van de statige camellia tot de bergenia en pachysandra, alsmede winterharde struiken.

1 *Dryopteris affinis* 'Cristata'
2 *Hydrangea petiolaris* (op de muur)
3 *Ribes sanguineum* 'King Edward VII'
4 *Fatsia japonica* **5** *Hydrangea macrophylla* 'Nikko Blue' **6** *Dryopteris filix-mas* **7** *Pyracantha* 'Orange Glow' (op de muur) **8** *Bergenia* 'Ballawley'
9 *Helleborus corsicus* **10** *Pachysandra terminalis* **11** *Sarcococca humilis*
12 *Hosta fortunei* 'Albopicta' **13** *Dicentra exima* **14** *Skimmia japonica foremanii*
15 *Epimedium x rubrum* **16** *Aucuba japonica* 'Crotonifolia' **17** *Fatshedera lizei* (op de muur) **18** *Camellia japonica* 'Alba Plena'

moeilijke gedeelten

Ik zal niet beweren dat het aanleggen en onderhouden van uw tuin van een leien dakje zal gaan. Er zijn zeker omstandigheden die het u moeilijk kunnen maken. U kunt dan op zoek gaan naar een sterke plant. U kunt er ook voor kiezen af te zien van een natuurlijke inrichting en de oplossing te zoeken in 'hard' tuinwerk.

Er zijn maar weinig plekken waar echt niets wil groeien. Als u de juiste plant weet te vinden kan die het zelfs goed gaan doen onder de moeilijkste omstandigheden.

Veel mensen denken dat ze niet veel met hun tuin kunnen doen, omdat een groot gedeelte in de schaduw ligt. Zelf heb ik liever een tuin met veel schaduw dan een met veel zon; er zijn namelijk onnoemelijk veel planten die graag in de schaduw staan, vooral in een gematigd klimaat. Een tuin die

veel schaduw heeft in combinatie met een droog klimaat is lastiger in te richten. Maar dan hebben we altijd nog de keus uit nieskruid, sarcococca, varens, bepaalde soorten hortensia, liguster en veel soorten wolfsmelk.

Ik zou zo nog wel een tijdje door kunnen gaan, maar het is beter eerst na te gaan wat voor grondsoort u hebt. Praat vooral met andere tuiniers en bezoek openbare tuinen. Dan maakt u kennis met verschillende omstandigheden.

Mulch – vergane mest, compost of boomschors – houdt water vast en kan moeilijke grond een opkikker geven. Ik houd niet van stukken boomschors maar in gecomposteerde vorm vind ik ze wel geweldig. U moet de grond bedekken met een vrij dikke laag van 5 tot 7,5 centimeter. De laag moet jaarlijks met nieuwe mulch worden aangevuld.

Echt hete gedeelten zijn een lastig probleem. Het is belangrijk dat u de beperkingen van uw tuin kent en accepteert. Het is bijvoorbeeld gewoon niet mogelijk om een zachtgroene kruidenborder te hebben op een dorre strook grond. Plant dan liever mediterrane of woestijnplanten. In combinatie met grind en zwerfkeien kunt u daarmee iets bijzonders creëren.

Het geheim van een mooie tuin is dat u met de natuur mee moet gaan. U zult er zeker voor beloond worden. Als ik zie dat planten zich uitgezaaid hebben, weet ik dat ik op de goede weg ben. Ik ga niet door met planten die vechten voor hun leven. Het is niet eerlijk voor de plant en maakt de tuin niet mooier.

Tuinen hebben water nodig, of het nu uit de lucht, een tuinslang, gieter of een computergestuurd irrigatiesysteem komt. Het kan soms moeilijk zijn voor een plant om in een tuin aan water te komen; huizen en muren kunnen de regen tegenhouden. Vooral jonge planten hebben regelmatig water nodig in plaats van grote hoeveelheden water in één keer.

Ik heb nog nooit een regenton gehad omdat ik ervan houd een tuinslang te gebruiken. Voor mij is er niets dat ontspannender werkt dan 's avonds na een drukke dag de planten water te geven met een tuinslang. Het duurt minder lang dan u misschien denkt; op den duur leer je welke planten water nodig hebben en welke niet. Planten die op een geschikte plek staan, kunnen over het algemeen voor zichzelf zorgen.

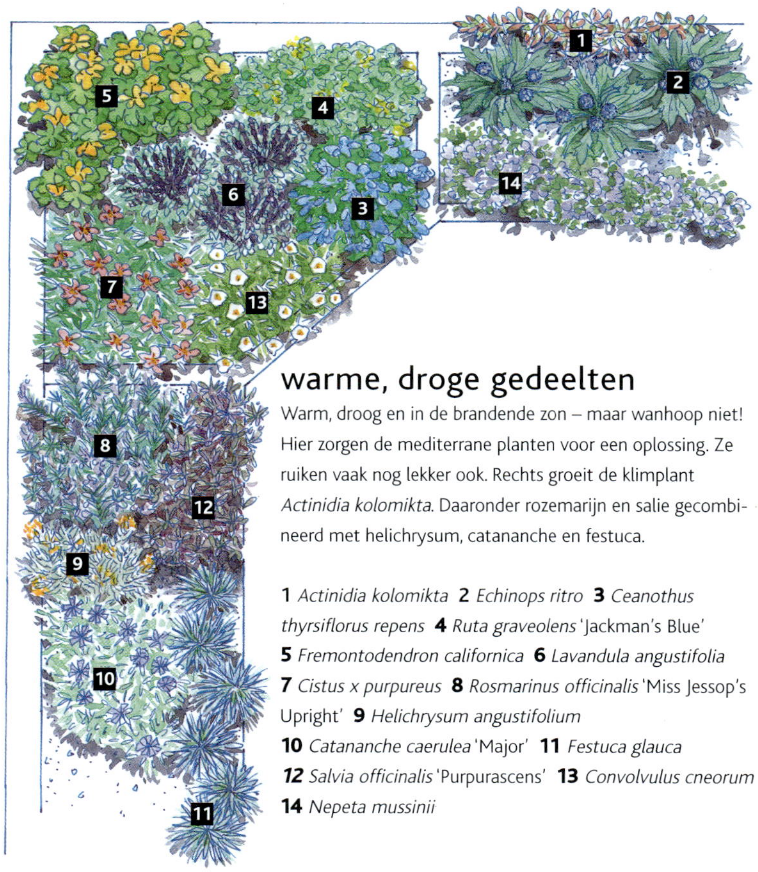

warme, droge gedeelten

Warm, droog en in de brandende zon – maar wanhoop niet! Hier zorgen de mediterrane planten voor een oplossing. Ze ruiken vaak nog lekker ook. Rechts groeit de klimplant *Actinidia kolomikta*. Daaronder rozemarijn en salie gecombineerd met helichrysum, catananche en festuca.

1 *Actinidia kolomikta* **2** *Echinops ritro* **3** *Ceanothus thyrsiflorus repens* **4** *Ruta graveolens* 'Jackman's Blue' **5** *Fremontodendron californica* **6** *Lavandula angustifolia* **7** *Cistus x purpureus* **8** *Rosmarinus officinalis* 'Miss Jessop's Upright' **9** *Helichrysum angustifolium* **10** *Catananche caerulea* 'Major' **11** *Festuca glauca* **12** *Salvia officinalis* 'Purpurascens' **13** *Convolvulus cneorum* **14** *Nepeta mussinii*

Er zijn veel soorten irrigatiesystemen, van een eenvoudig sproeiertje tot een hightech-installatie die door een gespecialiseerd bedrijf aangelegd moet worden. Te veel water is niet goed, de plant ontwikkelt zijn wortels dan niet. Een systeem met een gaatjesslang werkt goed in een gedeelte dat veel water nodig heeft.

Een buitenkraan is een noodzakelijk attribuut in elke tuin; als u uw tuin helemaal opnieuw aanlegt, kunt u zelfs meerdere buitenkranen installeren.

Een achtertuin moet een bron van plezier zijn voor het hele gezin. Laat u niet beïnvloeden door wat anderen met hun tuin doen; uw tuin is uw tuin. Geniet ervan op uw eigen manier!

linksboven Ik poot alleen planten waarvan ik weet dat ze het gaan doen. Planten met scherpe naalden en dikke bladeren houden van warmte. Zet ze bij voorkeur in groepjes neer.

boven Het zal logisch klinken, maar cactussen doen het uitstekend op droge plekken. Ze zien er bovendien elegant en bijzonder uit tegen de opvallend gekleurde muur.

rechts Planten met contrasterende textuur en vorm, eenvoudige prettige afstapjes en een mooie verzameling potten – alles is hier aanwezig!

register

Cursieve bladzijdenummers verwijzen naar illustraties

Dankbetuiging

Met dank aan alle tuineigenaren en vrienden die me de plattegronden, ontwerpen en foto's van hun achtertuin lieten gebruiken:
R. David Adams; Michael Balston; Lorenzo Bianco; Jinny Blom; Topher Delaney; Tim Du Val; Sarah Eberle; Samantha France; Simon Fraser; Naila Green; Bunny Guinness; Ursel Gut; Keyes Brothers; Steve Martino; Anne Mollo; Karla Newell; Marc Rios; John Tordoff.
Dank ook aan Judy, de beste redacteur die ik ken. En aan mijn art director, Maggie, voor haar grote inzet en eindeloze geduld.

(l = links; r = rechts; b = boven; o = onder)
Ontwerp: John Bailey, Londen: 1, 33, 58l, 101,104, 105, 135o
Karla Newell, Brighton: 2, 10, 46, 51, 57, 67, 68, 98, 100, 137
Lorenzo Bianco, Cheltenham: 3, 18, 32, 36/37, 44, 94, 102r, 103
Ontwerp: Sarah Eberle voor Daimler Chrysler UK, RHS, Hampton Court Palace, 2001: 6/7, 24/25, 48, 60
Bertholdt Vogt, Londen: 8
Anne Mollo, Londen: 9, 20, 26/27, 97b, 116/117
Calle Aciete 8, Cordoba, Spanje: 11, 102l, 132/133, 135b
Samantha France, Bristol: 12/13, 122l, 128
Ontwerp: Steve Martino, Phoenix, Arizona: 14/15, 38, 62, 76/77, 80
Ontwerp: Richard Hartlage, Seattle voor Graeme Hardie, New Jersey: 16/17, 39o, 42/43, 54, 59l, 64/65, 114, 123, 125, 136
Ontwerp: Raymond Hudson, Johannesburg, Zuid-Afrika, voor Mr Bloomberg: 19, 41, 131
John Tordoff, Londen: 21, 22/23, 35, 115, 129,132
Ontwerp: Topher Delaney, San Francisco: 28/29, 56, 61, 106l, 107
Ontwerp Jinny Blom, Londen: 34, 120/121, 124
Ontwerp: Martha Schwartz, Cambridge, Massachusetts voor Mr & Mrs Davis, El Paso, Texas: 39b
Ontwerp: Eric Ossart & Arnaud Maurieres, Frankrijk: 47b
Ontwerp: Ursel Gut, Bremen: 47o, 49, 58r, 59r, 66, 75, 78, 81, 87, 89, 122r, 127, 134
Bobbie Hicks, Sydney, NSW: 50l
Ontwerper: Robert Chittock, Seattle: 50r
Ontwerper: Jim Matsuo, Santa Monica, Californië: 52
The Manor House, Bledlow, Bucks: 53
Ontwerper: Tom Stuart-Smith voor Laurent-Perrier, RHS, Chelsea, 2000: 55
Ontwerper: Tom Stuart-Smith voor Laurent-Perrier en Harpers & Queen, RHS, Chelsea, 2001: 69
Ontwerper: Naila Green voor Spec Savers, RHS, Hampton Court Palace, 2001: 63, 74r, 83
Ontwerper: Mark Rios, Los Angeles: 71
Ontwerper: Bunny Guinness voor het Elizabeth Finn Trust, RHS, Chelsea, 1997: 72
Ontwerper: Tim Du Val, New York: 73
Architect: John Douglas, Phoenix, Arizona: 74l
Ontwerper: R. David Adams, Seattle: 79, 106r
Ontwerper: Kerr Smith Howell, Richmond Adult Community College, RHS, Hampton Court Palace, 2001; gefotografeerd door Marcus Harpur: 82
Cary & Barbara Wolinsky, Norwell, Mass.: 84/85
King Henry's Hunting Lodge, Odiham, Hants: 85
Ontwerper: Jonathan Baillie; gefotografeerd door Marcus Harpur: 86
Ontwerpers: Keyes Brothers, Londen: 88
Ontwerper: Simon Fraser, Londen: 90, 91b
Ontwerper: Michael Balston, Patney, Devizes, Wilts: 91o, 95
Ontwerper: Julian Dowle, Newent, Glos: 92
Ontwerper: Bruce Kelly, New York: 93
'Hawthornden', Cape Town: 97o
Ontwerper: Lisette Pleasance, Londen: 108
Ontwerper: Luciano Giubbilei: 110
Ontwerper: Berry Garden Co., Londen, voor David Pearson: 110/111
Marie & Clifford Harley, Londen: 112/113
Ontwerper: Gunilla Pickard, Chelmsford, Essex: 118
Ontwerper: Xa Tollemache voor The Evening Standard, RHS, Chelsea, 1997; gefotografeerd door Marcus Harpur: 126
Ontwerper: Bob Clark, Oakland Hills, Californië: 130